GESER

Ratgeber für Immobilienmaklerinnen und Immobilienmakler

Ratgeber für Immobilienmaklerinnen und Immobilienmakler

Praxishinweise und Arbeitshilfen

Rudolf Geser

Bibliografische Information der Deutschen Nationalbibliothek
Die Deutsche Nationalbibliothek verzeichnet diese Publikation in der Deutschen Nationalbibliografie; detaillierte bibliografische Daten sind im Internet über www.dnb.de abrufbar.

ISBN 978-3-415-06815-5

Titelfoto: © jirsak – AdobeStock | Satz: Abavo GmbH, Nebelhornstraße 8, 86807 Buchloe | Druck und Bindung: Laupp & Göbel GmbH, Robert-Bosch-Straße 42, 72810 Gomaringen

Richard Boorberg Verlag GmbH & Co KG | Scharrstr. 2 | 70583 Stuttgart
Stuttgart | München | Hannover | Berlin | Weimar | Dresden
www.boorberg.de

Inhaltsverzeichnis

Vorwort ... 7

Abkürzungsverzeichnis ... 9

I. Behördliche Erlaubnis ... 11

II. Verpflichtung zur Weiterbildung ... 19

III. Anzeige der gewerblichen Tätigkeit ... 31

IV. Pflichtmitteilungen des Immobilienmaklers an seine Kunden ... 36

V. Datenschutzbestimmungen nach der Datenschutz-Grundverordnung (DSGVO) der Europäischen Union ... 38

VI. Pflichtangaben auf der Homepage des Immobilienmaklers ... 41

VII. Auskunft und Nachschau gegenüber Behörden ... 46

VIII. Vorschriften der Makler- und Bauträgerverordnung (MaBV) ... 49
1. Anwendungsbereich ... 50
2. Sicherheitsleistung, Bürgschaft, Versicherung ... 51
3. Verwendung von Vermögenswerten des Auftraggebers ... 54
4. Getrennte Vermögensverwaltung ... 55
5. Ausnahmevorschrift ... 57
6. Rechnungslegung ... 58
7. Anzeigepflicht ... 59
8. Buchführungspflicht ... 60
9. Informationspflicht und Werbung ... 63
10. Unzulässigkeit abweichender Vereinbarungen ... 66
11. Aufbewahrung ... 66
12. Weiterbildung ... 67
13. Prüfung ... 68
14. Rechte und Pflichten der an der Prüfung Beteiligten ... 69
15. Anwendung bei grenzüberschreitender Dienstleistungserbringung ... 70

IX. Vorschriften des Wohnungsvermittlungsgesetz (WoVG) ... 71
1. Anwendungsbereich ... 71
2. Anspruchsvoraussetzungen, Ausnahmen, Vorschüsse ... 72
3. Entgelt ... 79

4. Vereinbarung bei Nichterfüllung vertraglicher Verpflichtungen ... 81
5. Abstands- und Ablösezahlungen ... 82
6. Rückforderung zu Unrecht gezahlter Entgelte ... 83
7. Vermittlungsauftrag, Werbung ... 84
8. Ausnahmen bei nicht gewerbsmäßiger Tätigkeit ... 86

X. Maklerprovision ... 91
1. Allgemeine Beschränkungen ... 91
2. Rechtliche Grundlagen des Anspruchs auf Maklerprovision ... 93

XI. Widerrufsrecht bei Fernabsatzverträgen ... 102

XII. Pflichtangaben nach der Energieeinsparverordnung (EnEV) ... 108

XIII. Vorschriften der Preisangabenverordnung (PAngV) ... 118
1. Grundvorschriften ... 118
2. Leistungen ... 121

XIV. Geldwäsche ... 124

XV. Geschäftsbedingungen des Immobilienmaklers ... 128

XVI. Akquise von Neukunden ... 132

Stichwortverzeichnis ... 135

Vorwort

Im Rahmen der Gewerbefreiheit ist die Zulassung zum Beruf des Immobilienmaklers grundsätzlich jedermann möglich. Der Nachweis einer speziellen Sachkunde oder Fachkenntnis ist dabei nicht erforderlich, lediglich ein Fortbildungsnachweis von 20 Wochenstunden innerhalb von drei Jahren nach Erlaubniserteilung ist vorgeschrieben.

Die Ausübung dieser Tätigkeit ist an eine Vielzahl gesetzlicher Vorschriften und eine schwer überblickbare Rechtsprechung gebunden, deren ordnungsgemäße Einhaltung sogar dem „juristischen Fachmann“ Schwierigkeiten bereiten kann. Dieser Ratgeber soll durch seinen systematischen Aufbau nicht nur einen Überblick über alle zu beachtenden gesetzlichen Bestimmungen verschaffen, sondern durch die jeweiligen Erläuterungen auch für deren Verständnis und Einhaltung Sorge tragen.

Dies beginnt bei der Beantragung der behördlichen Erlaubnis und der Anzeige der Maklertätigkeit nach der Gewerbeordnung und den damit verbundenen Verpflichtungen, von der Informationspflicht für Dienstleistungserbringer an ihre Kunden, den Pflichtangaben auf der Homepage im Internet, sowie dem Nachschaurecht und der Auskunftspflicht gegenüber Behörden. Die Makler- und Bauträgerverordnung wird genauso erklärt wie das Wohnungsvermittlungsgesetz sowie die Vorschriften, die es hinsichtlich des Provisionsanspruchs zu beachten gilt, oder das Widerrufsrecht bei Fernabsatzverträgen. Aber auch die Pflichtangaben nach der Energieeinsparverordnung, die Vorschriften der Preisangabenverordnung oder das Geldwäschegesetz können Fallstricke bereithalten, denen es auszuweichen gilt.

Mit diesem Ratgeber möchte ich nicht nur zu einer Klärung dieser Probleme beitragen, sondern den zukünftigen oder bereits tätigen Immobilienmakler in die Lage versetzen, seinen Beruf ordnungsgemäß und ohne Konflikte mit Kunden und Behörden ausüben zu können.

Bei den jeweiligen Ausführungen wurde deshalb auf eine möglichst einfache und verständliche Beschreibung Wert gelegt. Beispiele, praxisbezogene Angaben sowie Hinweise auf entsprechende Formulare sollen dabei eine Hilfe sein. Ein ausführliches Sachregister sowie die Angabe von Stichwörtern zu den einzelnen Erläuterungen gewährleisten ein rasches Auffinden der jeweiligen Bestimmungen.

Das Kapitel über die Akquisition von Kunden soll helfen, sich einen Kundenstamm aufzubauen oder neue Kunden hinzu zu gewinnen.

Relativ neu ist die Fortbildungspflicht für Immobilienmakler, deren geringer Umfang allerdings nicht ansatzweise ausreichen wird, den Makler umfassend auszubilden. Hier ist in jeden Fall Eigeninitiative und selbstständige Fortbildung gefragt, um in diesem anspruchsvollen Beruf bestehen zu können.

Aus Gründen der Lesbarkeit haben wir uns entschieden, nur eine Bezeichnung, z. B. „Makler“ an Stelle von „Maklerinnen und Makler“ zu verwenden.

München, Juni 2020 Rudolf Geser

Abkürzungsverzeichnis

AEUV	Vertrag über die Arbeitsweise der Europäischen Union
AG	Aktiengesellschaft
AO	Abgabenordnung
ber.	berichtigt
BGB	Bürgerliches Gesetzbuch
Bsp.	Beispiel
BZRG	Bundeszentralregistergesetz
DL-InfoV	Verordnung über Informationspflichten für Dienstleistungserbringer (Dienstleistungs-Informationspflichten-Verordnung)
DLRLUmsV	Verordnung zur Anpassung gewerberechtlicher Verordnungen an die Dienstleistungsrichtlinie
DSGVO	Datenschutz-Grundverordnung
e. K.	eingetragener Kaufmann
e. V.	eingetragener Verein
EnEV	Energieeinsparverordnung
FIU	Zentralstelle für Finanztransaktionsuntersuchungen
GEG	Gesetz zur Einsparung von Energie und zur Nutzung Erneuerbarer Energien zur Wärme- und Klimaerzeugung (Gebäudeenergiegesetz)
GewO	Gewerbeordnung
GmbH	Gesellschaft mit beschränkter Haftung
GmbH & Co. KG	Gesellschaft mit beschränkter Haftung & Co. Kommanditgesellschaft
GWB	Gesetz gegen Wettbewerbsbeschränkungen
GwG	Gesetz über das Aufspüren von Gewinnen aus schweren Straftaten (Geldwäschegesetz)
HGB	Handelsgesetzbuch
HRA	Handelsregister Abteilung A (Personengesellschaften)
HRB	Handelsregister Abteilung B (Juristische Personen)
IVD	Immobilienverband Deutschland
KG	Kommanditgesellschaft
KGaA	Kommanditgesellschaft auf Aktien
KWG	Kreditwesengesetz
MaBV	Verordnung über die Pflichten der Immobilienmakler, Darlehensvermittler, Bauträger, Baubetreuer und Wohnimmobilienvermittler (Makler- und Bauträgerverordnung)
MoMiG	Gesetz zur Modernisierung des GmbH-Rechts und zur Bekämpfung von Missbräuchen
MwSt.	Mehrwertsteuer

o. Ä.	oder Ähnliches
ODR-Verordnung	Online Dispute Resolution Verordnung (EU-Online-Streitschlichtungsstelle)
OHG	offene Handelsgesellschaft
PAngV (PrAngVO)	Preisangabenverordnung
SGB IV	Viertes Sozialgesetzbuch
sog.	sogenannt
UG (haftungsbeschränkt)	Unternehmergesellschaft (haftungsbeschränkt)
UWG	Gesetz gegen den unlauteren Wettbewerb
VSBG	Verbraucherstreitbeilegungsgesetz
v. H. (%)	vom Hundert (%)
WEG	Wohnungseigentumsgesetz
WiStG	Gesetz zur weiteren Vereinfachung des Wirtschaftsstrafrechts (Wirtschaftsstrafgesetz 1954)
WoVG	Wohnungsvermittlungsgesetz
z. B.	zum Beispiel
zzgl.	zuzüglich

I. Behördliche Erlaubnis

Vor dem Beginn der gewerblichen Tätigkeit als Immobilienmakler steht die Einholung einer Erlaubnis nach § 34c Gewerbeordnung (GewO).

Demnach benötigt derjenige eine Erlaubnis der zuständigen Behörde,

- der gewerbsmäßig
- den Abschluss von Verträgen
- über Grundstücke, grundstücksgleiche Rechte, gewerbliche Räume, Wohnräume
- vermittelt
- oder die Gelegenheit zum Abschluss solcher Verträge nachweist.

Gewerbsmäßigkeit

Erlaubnispflicht ist dann gegeben, wenn die beabsichtigte Tätigkeit gewerbsmäßig ausgeübt wird. Gewerbsmäßig bedeutet, dass sowohl Gewinnerzielungsabsicht als auch Fortsetzungsabsicht besteht. Außerdem wird die Tätigkeit selbstständig, d.h. in eigenem Namen, auf eigene Rechnung und eigene Gefahr betrieben.

Die Absicht, einen Gewinn zu erzielen, ist ausreichend. Daher ist es für die Gewerbsmäßigkeit nicht entscheidend, dass auch tatsächlich ein Gewinn erzielt wird.

Die nur einmalige Vermittlung eines Objekts begründet keine Erlaubnispflicht, wenn nicht beabsichtigt ist, weitere Vermittlungen zu tätigen (fehlende Fortsetzungsabsicht).

Personen, die sich in einem Anstellungsverhältnis bei einem Immobilienvermittlungsunternehmen befinden, benötigen dann eine Erlaubnis, wenn sie sich neben ihrer Anstellung noch selbstständig in diesem Gewerbe betätigen.

Vermittlung

Eine Vermittlung ist jede Tätigkeit, die auf einen Vertrag abzielt, d.h. mit Interessenten Verhandlungen über zu vermittelnde Immobilien führen und über Einzelheiten informieren. Eine Vermittlung liegt auch dann vor, wenn eine solche Tätigkeit erfolglos bleibt oder nur der Vorbereitung des Vertragsabschlusses dient. Voraussetzung ist jedoch, dass die Vermittlung sowohl objekt- als auch leistungsbezogen erfolgt. Eine Vermittlung liegt z.B. dann nicht vor, wenn sich der „Vermittler" jeglicher Verhandlungen und Informationen über das zu vermittelnde Objekt (z.B. Lage und Größe des Grundstücks) enthält.

Nachweis der Gelegenheit

Der Immobilienmakler benennt dem Auftraggeber einen bisher unbekannten Interessenten oder ein Objekt und den künftigen Vertragspartner, so dass der Auftraggeber von sich aus Vertragsverhandlungen aufnehmen kann.

Verträge über Grundstücke

Dies sind Verträge über Verkauf, Belastung, Vermietung und Verpachtung von Grundstücken und Wohnungseigentum. Zu Verträgen dieser Art zählen auch die Verträge über die Vermittlung von Hypotheken und Grundschulden sowie über das sogenannte Immobilien-Leasing.

Grundstücksgleiche Rechte

Dies sind Rechte, die den Vorschriften über Grundstücke unterliegen (z. B. Erbbaurecht).

Verträge über gewerbliche Räume oder Wohnräume

Hierzu gehören alle Arten von Raumüberlassung einschließlich Pacht und Untermiete (Wohnungs- und Zimmervermittlung). Nicht unter diese Vorschrift fällt die Vermittlung oder der Nachweis von vorübergehend benützten Ferienwohnungen.

Erlaubnispflicht für andere Berufsgruppen

Handelsvertreter nach § 84 Abs. 1 HGB

Wer Verträge auf Grund einer ihm von einer Vertragspartei (z. B. Grundstückseigentümer) erteilten Vollmacht auf deren Namen selbst abschließt, bedarf einer Erlaubnis, soweit er Immobilien vermittelt. Das gilt auch für selbstständige Handelsvertreter im Sinne des § 84 Abs. 1 Handelsgesetzbuch (HGB).

Freie Mitarbeiter

„Freie Mitarbeiter“ sind keine Arbeitnehmer des betreffenden Maklers. Sie sind selbstständige Gewerbetreibende, die in der Regel als sogenannte Unter- oder Zubringervermittler tätig werden. Sie unterliegen deshalb ebenfalls der Erlaubnispflicht.

Hausverwalter

Hausverwalter, die selbstständig Verträge über die von ihnen verwalteten Wohnräume vermitteln, bedürfen ebenfalls einer Erlaubnis. Dies gilt auch für den Fall, dass sie Wohnungen außerhalb ihres Wohnungsbestandes vermitteln. Eine Erlaubnispflicht ist jedoch dann nicht gegeben, wenn die Vermittlungstätigkeit über die von ihnen verwalteten Wohnräume lediglich als unbedeutender Bestandteil ihrer Tätigkeit anzusehen ist. Dies ist beispielsweise dann der Fall, wenn von dem Hausverwalter jährlich insgesamt nur zwei bis drei Wohnungen vermittelt werden. Hausverwalter haben keinen Anspruch auf Entgelt für die Vermittlung oder den Nachweis der Gelegenheit zum Abschluss von Mietverträgen über Wohnräume, soweit es sich um die von ihnen verwalteten Wohnungen handelt.

Verwalter im Sinne des Wohnungseigentumsgesetzes

Hier ist zu unterscheiden, ob dem Verwalter im Sinne des Wohnungseigentumsgesetzes (WEG) nur die Verwaltung des gemeinschaftlichen Eigentums oder auch die Verwaltung des Sondereigentums (Wohnung) einschließlich der Vermittlung vom Wohnungseigentümer übertragen wurde.

Obliegt ihm lediglich die Verwaltung des gemeinschaftlichen Eigentums, benötigt er in jedem Fall eine Erlaubnis, wenn er sich über seine Verwaltertätigkeit hinaus gewerbsmäßig als Immobilienmakler betätigt.

Wurde ihm jedoch zusätzlich die Verwaltung des Sondereigentums (Wohnung) einschließlich dessen Vermittlung übertragen, gilt das oben bereits Ausgeführte.

Ausnahmen von der Erlaubnispflicht

Keiner Erlaubnis bedürfen:

- Kreditinstitute, Bausparkassen und Sparkassen
- Vermittler von Teilzeitnutzungen von Wohngebäuden (Time-Sharing)
- Immobilienmakler, die von einer Niederlassung in einem anderen Mitgliedstaat der Europäischen Union oder von einem anderen Vertragsstaat des Abkommens über den Europäischen Wirtschaftsraum aus vorübergehend selbstständig gewerbsmäßig in Deutschland tätig werden.

Teilzeitnutzung von Wohngebäuden (Time-Sharing)

Unter Teilzeitnutzung versteht man das Recht, gegen Zahlung eines Gesamtpreises ein Wohngebäude jeweils für einen bestimmten Zeitraum des Jahres zu Erholungs- und Wohnzwecken zu nutzen. Dies geschieht mind. über eine Dauer von drei Jahren. Bei diesem auch als Time-Sharing bekannten Modell wird dem Erwerber in der Regel nur ein schuldrechtlicher Anspruch auf Nutzung einer Anlage (Zimmer, Appartement oder dgl.) eingeräumt. Da der Erwerber somit kaum mehr Rechte als ein Urlauber erwirbt, der jährlich in einem Hotel seiner Wahl ein Zimmer mietet, fallen die Veräußerer dieser Teilzeitnutzungsrechte nicht unter die Erlaubnispflicht.

Antragsberechtigt

Antragsberechtigt und damit Adressaten der Erlaubnis sind natürliche und juristische Personen.

Natürliche Personen

Als natürliche Personen bezeichnet man alle Gewerbetreibenden, die die gewerbliche Tätigkeit in eigener Person oder in einer Personengesellschaft ohne eigene Rechtspersönlichkeit (z.B. Gesellschaft des bürgerlichen Rechts, OHG, KG, eingetragener Kaufmann „e.K.") ausüben. Handelsgewerbetreibende nach § 1 Abs. 2 Handelsgesetzbuch (HGB) als „Ist-Kaufleute" sowie „Kann-Kaufleute" nach § 2 HGB, für die eine Firma im Handelsregister eingetragen ist, werden hinsichtlich der Antragsberechtigung den natürlichen Personen gleichgestellt. Werden mehrere Personen tätig, benötigt jeder von ihnen eine Erlaubnis. Bei Personengesellschaften ohne eigene Rechtspersönlichkeit ist eine Erlaubnis für jeden geschäftsführungsberechtigten Gesellschafter erforderlich, es sei denn, ein geschäftsführungsberechtigter Gesellschafter wurde laut Handelsregistereintrag ausdrücklich von der Ausübung der erlaubnispflichtigen Tätigkeit ausgenommen. Dies gilt auch hinsichtlich der Kommanditisten, sofern sie Geschäftsführungsbefugnis besitzen und damit als Gewerbetreibende anzusehen sind.

Juristische Personen

Ist ein Gewerbetreibender eine juristische Person (z.B. GmbH, UG [haftungsbeschränkt], AG, KGaA, e.V.), so ist diese antragsberechtigt. Die erteilte Erlaubnis gilt nur für die juristische Person. Sie ist weder umwandelbar noch übertragbar. Wollen die nach Gesetz, Satzung oder Gesellschaftsvertrag vertretungsberechtigten Personen neben ihrer Tätigkeit z.B. als Geschäftsführer oder Vorstandsmitglied unter eigenem Namen tätig werden, bedürfen sie ebenfalls einer Erlaubnis.

Unternehmergesellschaft (haftungsbeschränkt)

Seit dem Inkrafttreten des Gesetzes zur Modernisierung des GmbH-Rechts und zur Bekämpfung von Missbräuchen (MoMig) kann eine juristische Person auch in Form einer Unternehmergesellschaft (haftungsbeschränkt), umgangssprachlich auch als „Mini-GmbH" oder „1-Euro-GmbH" bezeichnet, geführt werden. Das Mindeststammkapital der haftungsbeschränkten Unternehmergesellschaft, abgekürzt UG (haftungsbeschränkt), beträgt 1,– Euro und darf den Betrag von höchstens 24.999,– Euro nicht übersteigen. Die haftungsbeschränkte Unternehmergesellschaft darf aus maximal drei Gesellschaftern und einem Geschäftsführer bestehen. Bezüglich der Erlaubniserteilung gelten für die UG (haftungsbeschränkt) die gleichen Voraussetzungen wie für eine GmbH.

GmbH & Co. KG

Komplementär einer KG kann (ebenso wie ein Gesellschafter bei einer OHG) auch eine juristische Person (z. B. GmbH) sein. Hier haftet die GmbH zwar persönlich, aber als juristische Person nur sie und nicht die hinter ihr stehenden GmbH-Gesellschafter (die dann meist identisch sind mit den Kommanditisten). Erlaubnisbedürftig ist hier die GmbH und, wenn neben dieser noch weitere Komplementäre tätig sind, auch diese.

Zuständige Behörde

Je nach Bundesland wurde die Zuständigkeit für die Erlaubniserteilung auf Stadtkreise, Landratsämter, Kreisfreie Städte, Bezirksämter, Ortspolizeibehörden, Kreisordnungsbehörden, Landkreise bzw. örtliche Ordnungsbehörden übertragen. In manchen Bundesländern wurde die Zuständigkeit auch auf die Industrie- und Handelskammern oder Finanzbehörden übertragen.

Örtlich zuständig ist die jeweilige Behörde, in deren Bereich der Immobilienmakler seine Betriebsstätte hat.

Ist noch keine Betriebsstätte vorhanden, kann dennoch eine Erlaubnis beantragt werden. Zuständig ist dann die Behörde, in deren Bereich der Antragsteller seinen Wohnsitz hat.

Kosten

Nach dem Kostengesetz sind für die Erlaubniserteilung nur Rahmengebühren vorgesehen. Die jeweiligen Kosten sind deshalb je nach Gemeinde unterschiedlich. In München z. B. liegt die Gebühr für natürliche Personen genauso wie für juristische Personen bei 320,– Euro.

Erforderliche Unterlagen

Der Antrag auf Erteilung der Erlaubnis ist unter Verwendung eines Antragsformulars bei der zuständigen Behörde einzureichen.

Ein Muster für ein Antragsformular nach § 34c GewO findet man im Internet z. B. auf der Seite der IHK für München und Oberbayern unter https://www.ihk-muenchen.de/de/Service/Recht-und-Steuern/Gewerbeerlaubnisse-der-IHK/Gewerbeerlaubnisse-nach-%C2%A7–34c-GewO/.

Vom Antragsteller sind beizubringen:

– Auszug aus dem Handels- oder Genossenschaftsregister, soweit das Unternehmen im Register eingetragen ist.

  Bei einer GmbH & Co. KG ist ein entsprechender Auszug für die GmbH und die KG einzureichen.

- Führungszeugnis für Behörden und Auskunft aus dem Gewerbezentralregister (bei manchen Behörden auch für den Ehegatten, falls dieser nicht getrennt lebt) sowie gegebenenfalls für die mit der Leitung des Betriebes oder einer Zweigniederlassung beauftragten Personen (anzufordern beim Einwohnermeldeamt des Wohnsitzes). Bei juristischen Personen sind diese Unterlagen für alle nach Gesetz, Satzung oder Gesellschaftsvertrag vertretungsberechtigten Personen (z. B. Geschäftsführer, Vorstandsmitglieder) beizubringen.

Dauer der Erlaubniserteilung

Die Behörden stellen über die oben genannten Auskünfte hinaus noch Anfragen an die Wohnsitzgemeinde (soweit nicht mit dem Geschäftssitz identisch und wenn der Antragsteller in den letzten fünf Jahren vor Antragstellung bereits in einer anderen Gemeinde gewerblich tätig war), die Industrie- und Handelskammer (wenn bereits eine Gewerbeanmeldung vorliegt) sowie die Insolvenz- und Vollstreckungsgerichte bei den Amtsgerichten, in deren Bezirk der Antragsteller in den letzten fünf Jahren vor der Antragstellung einen Wohnsitz oder eine gewerbliche Niederlassung gehabt hat. Daher ist mit zwei bis vier Wochen zu rechnen, bis die Erlaubnis erteilt wird.

Hinweis

Die Antragstellung berechtigt noch nicht zur Aufnahme der gewerblichen Tätigkeit. Diese darf erst nach der Erlaubniserteilung aufgenommen werden.

Versagung der Erlaubnis

Auf die Erteilung der Erlaubnis besteht ein Rechtsanspruch, wenn nicht ein Versagensgrund gegeben ist. In jedem Fall wird die Erlaubnis versagt, wenn

- über das Vermögen des Antragstellers ein Insolvenzverfahren eröffnet worden oder er in das vom Insolvenzgericht oder vom Vollstreckungsgericht zu führendem Verzeichnis (Schuldnerverzeichnis) eingetragen ist,
- der Antragsteller die Vermögensauskunft abgegeben hat oder gegen ihn Haft zur Erzwingung der Abgabe der Vermögensauskunft angeordnet worden ist,
- der Antragsteller in den letzten 5 Jahren vor Stellung des Antrages wegen eines Verbrechens oder wegen Diebstahls, Unterschlagung, Erpressung, Betruges, Untreue, Urkundenfälschung, Hehlerei, Wuchers oder einer Insolvenzstraftat rechtskräftig verurteilt worden ist.

Insolvenzverfahren

Ein Insolvenzverfahren kann auf Antrag des Schuldners oder seiner Gläubiger beim Amtsgericht beantragt werden, wenn der Antragsteller nicht mehr in der Lage ist, seine fälligen Zahlungsverpflichtungen zu erfüllen, d.h. zahlungsunfähig ist. Ziel des Insolvenzverfahrens ist dabei, dem Schuldner Gelegenheit zu geben, sich von seinen restlichen Verbindlichkeiten zu befreien, indem sein Vermögen verwertet und der Erlös zur Befriedigung seiner Schulden verwendet wird.

Geltungsdauer der Erlaubnis

Die Erlaubnis wird grundsätzlich auf Lebenszeit erteilt. Sie erlischt bei natürlichen Personen mit deren Tod, bei juristischen Personen mit deren Wegfall (Löschung im Register). Sie erlischt ebenfalls durch einen der Erlaubnisbehörde ausdrücklich oder schlüssig erklärten Verzicht sowie durch Rücknahme oder Widerruf der Behörde.

> **Hinweis**
>
> Die Gültigkeit der Erlaubnis ist unabhängig von einer eventuellen Einstellung bzw. Abmeldung der gewerblichen Tätigkeit. Bei Wiederaufnahme der gewerblichen Tätigkeit genügt dann die Gewerbeanzeige.

Widerruf der Erlaubnis

Die Erlaubnis kann widerrufen werden, wenn nachträglich Tatsachen bekannt werden, die die Behörde berechtigt hätten, die Erlaubnis nicht zu erteilen, und das öffentliche Interesse gefährdet ist.

Diese Tatsachen sind im Regelfall mit den Gründen, die eine Versagung der Erlaubnis rechtfertigen, identisch.

Das Wichtigste in Kürze:

- Zur Ausübung des Gewerbes ist eine Erlaubnis nach § 34c Gewerbeordnung einzuholen.
- Der Nachweis einer speziellen Sachkunde oder Sachkenntnis ist nicht erforderlich.
- Voraussetzung für die Erlaubnispflicht ist, dass die Tätigkeit gewerbsmäßig, also mit Gewinnerzielungsabsicht und Fortsetzungsabsicht, sowie selbstständig, d.h. nicht im Angestelltenverhältnis, ausgeübt wird.
- Die nur einmalige Vermittlung eines Objekts, bei fehlender Fortsetzungsabsicht, begründet keine Erlaubnispflicht.

- Die Vermittlungstätigkeit erstreckt sich auf Grundstücke, grundstücksgleiche Rechte sowie gewerbliche Räume oder Wohnräume.
- Der Vermittlung steht der Nachweis der Gelegenheit gleich.
- Der Immobilienmakler kann sowohl in eigener Person, als Personengesellschaft ohne eigene Rechtspersönlichkeit, als im Handelsregister eingetragene Firma oder als juristische Person tätig werden. Je nach Rechtsform kann sich die Erlaubnispflicht dabei sowohl auf die Firma als auch die Firmeninhaber, bzw. deren gesetzliche Vertreter, beziehen.
- Auf die Erteilung der Erlaubnis besteht ein Rechtsanspruch, dieser kann unter bestimmten Voraussetzungen, etwa bei Eröffnung des Insolvenzverfahrens, Eintragung im Schuldnerverzeichnis oder bestimmter Straftaten, eingeschränkt und die Erlaubnis versagt werden.
- In diesen Fällen kann auch bei nachträglichem Bekanntwerden eine Rücknahme oder ein Widerruf der Erlaubnis erfolgen.
- Bei Handelsvertretern nach § 84 Abs. 1 Handelsgesetzbuch, freien Mitarbeitern eines Immobilienmaklers, Hausverwaltern sowie Verwaltern im Sinne des Wohnungseigentumsgesetzes, die im Rahmen ihrer Tätigkeit auch als Immobilienvermittler tätig werden, sind bezüglich der Erlaubnispflicht sowie auch bei der Provisionsforderung im Einzelfall abweichende Vorschriften zu beachten.
- Die Erlaubnis wird grundsätzlich auf Lebenszeit erteilt und verliert ihre Gültigkeit auch bei einer Einstellung oder Abmeldung des Gewerbes nicht.
- Immobilienmakler, die ihre Tätigkeit von einer Niederlassung in einem anderen Mitgliedstaat der Europäischen Union oder von einem anderen Vertragsstaat des Abkommens über den europäischen Wirtschaftsraum ausüben, sind dann von der Erlaubnispflicht befreit, wenn sie diese Tätigkeit nur vorübergehend in Deutschland ausüben.

II. Verpflichtung zur Weiterbildung

Immobilienmakler sind verpflichtet, sich in einem Umfang von 20 Stunden innerhalb eines Zeitraumes von drei Kalenderjahren weiterzubilden; das Gleiche gilt entsprechend für unmittelbar bei der erlaubnispflichtigen Tätigkeit mitwirkende beschäftigte Personen. Der erste Weiterbildungszeitraum beginnt am 1. Januar des Kalenderjahres, in dem die Erlaubnis erteilt wurde oder eine weiterbildungspflichtige Tätigkeit durch eine unmittelbar bei dem Immobilienvermittler beschäftigte Person aufgenommen wurde.

Der Weiterbildungsnachweis ist für eine angemessene Zahl von beim Immobilienvermittler beschäftigten natürlichen Personen erbracht, denen die Aufsicht über die direkt bei der Vermittlung von Immobilien mitwirkenden Personen übertragen ist und die den Immobilienvermittler vertreten dürfen.

Betroffener Personenkreis

Von der Verpflichtung zur Weiterbildung sind alle Immobilienvermittler sowie alle bei ihnen beschäftigten Personen, die an der Immobilienvermittlung unmittelbar mitwirken, betroffen.

Als Beschäftigte sieht man dabei Arbeitnehmer an, die einer nichtselbstständigen Tätigkeit nachgehen, d.h. unter anderem weisungsgebunden sind, der Lohnsteuerpflicht unterliegen, in den Betriebsablauf eingegliedert sind und einen Arbeitsvertrag besitzen.

„Freie Mitarbeiter"

Hiervon abzugrenzen sind etwa „freie Mitarbeiter" des Immobilienvermittlers. Dies sind selbstständige Gewerbetreibende, die in der Regel als sogenannte „Unter- oder Zubringervermittler" tätig werden. Diese unterliegen eigenständig allen an den Immobilienvermittler gestellten Anforderungen, unter anderem deshalb auch der Verpflichtung zur Erlaubnis nach § 34 c Gewerbeordnung und der Weiterbildungspflicht.

Handelsvertreter

Das gleiche gilt für Handelsvertreter im Sinne des § 84 Abs. 1 Handelsgesetzbuch (HGB), wenn sie Verträge selbst abschließen aufgrund einer von ihnen von einer Vertragspartei erteilten Vollmacht auf deren Namen.

Mitwirkung

Als Mitwirkung an der erlaubnispflichtigen Tätigkeit versteht man

– die Erstellung von Exposés

- die Durchführung von Besichtigungsterminen
- oder die aktive Teilnahme an Kundengesprächen.

Nicht weiterbilden müssen sich demnach Angestellte, die mit reinen Hilfstätigkeiten, etwa Kopier- oder Ablagetätigkeiten betraut sind, reine Sekretariatsaufgaben erfüllen, oder ausschließlich administrativ, d. h. verwaltungsmäßig, etwa in der Buchhaltung, Datenverarbeitung oder der Personalabteilung des Immobilienvermittlungsunternehmens tätig sind.

Beginn der Weiterbildungspflicht

Für Immobilienmakler beginnt die Weiterbildungspflicht bereits mit Erlaubniserteilung, ist also unabhängig davon, ob von dieser auch Gebrauch gemacht wird und der Besitzer der Erlaubnis entsprechend gewerblich tätig ist. In letzterem Fall spricht man umgangssprachlich von einer Schubladenerlaubnis, die erst bei Beginn des Gewerbes mit der Gewerbeanzeige sozusagen „aus der Schublade" geholt wird.

Weiterbildungspflicht bei juristischen Personen bzw. Personengesellschaften ohne eigene Rechtspersönlichkeit

Handelt es sich bei dem Immobilienvermittler um eine juristische Person, z.B. Gesellschaft mit beschränkter Haftung, Unternehmergesellschaft (haftungsbeschränkt), Aktiengesellschaft, Kommanditgesellschaft auf Aktien oder eingetragene Vereine, unterliegen grundsätzlich alle gesetzlichen Vertreter der jeweiligen Gesellschaftsform der Weiterbildungspflicht.

Bei einer GmbH werden dies etwa die Geschäftsführer, bei einer AG die Vorstandsmitglieder, bei der UG (haftungsbeschränkt) die Gesellschafter (maximal drei) sowie der Geschäftsführer sein.

Bei Personengesellschaften ohne eigene Rechtspersönlichkeit (etwa Gesellschaft des bürgerlichen Rechts, offene Handelsgesellschaft, Kommanditgesellschaft oder eingetragener Kaufmann) betrifft die Verpflichtung zur Weiterbildung ebenfalls alle für die jeweilige Gesellschaft handelnden Personen, wie etwa Gesellschafter oder Komplementäre und den an der Immobilienvermittlung mitwirkenden beschäftigten Personen.

Im Rechtskonstrukt einer Gesellschaft mit beschränkter Haftung & Co. Kommanditgesellschaft (GmbH und Co. KG), wo der Komplementär einer KG ebenso wie der Gesellschafter einer OHG auch eine juristische Person wie z. B. GmbH sein kann, betrifft die Weiterbildungspflicht somit die Gesellschafter der GmbH, meist identisch mit den Kommanditisten, sowie, soweit vorhanden, weitere Komplementäre der Gesellschaft.

Bei juristischen Personen mit mehreren gesetzlichen Vertretern kann im Einzelfall auf die Weiterbildung verzichtet werden, wenn die anderen gesetzlichen Vertreter die erforderliche Weiterbildung nachweisen. Allerdings darf der nicht der Weiterbildungspflicht unterliegende gesetzliche Vertreter die erlaubnispflichtige Tätigkeit, also die Immobilienvermittlung, dann auch nicht selbst durchführen. Dies müsste etwa durch einen Gesellschafterbeschluss oder im Geschäftsführervertrag geregelt sein.

Sollte es innerhalb einer Gesellschaft zu einem Wechsel der gesetzlichen Vertretung kommen, so muss der neue gesetzliche Vertreter in seiner Person die Weiterbildungsverpflichtung ebenfalls erfüllen. Kommt er etwa von einem anderen Unternehmen und hat er dort bereits Weiterbildungsmaßnahmen abgelegt, kann er die absolvierten Stunden in das neue Unternehmen einbringen. Gleiches gilt für den ausscheidenden gesetzlichen Vertreter bei Eintritt in ein neues Unternehmen.

Wohnimmobilienverwalter

Neben dem Immobilienmakler sind auch Wohnimmobilienverwalter von der Weiterbildungspflicht betroffen. Allerdings handelt es sich hier um einen völlig eigenständigen Berufszweig. Gewerbetreibende, die sowohl als Immobilienvermittler als auch als Wohnimmobilienverwalter tätig sind, sich in beiden Bereichen jeweils in einem Umfang von 20 Stunden, insgesamt also 40 Stunden, innerhalb von drei Jahren weiterbilden müssen. Gleiches gilt für die Beschäftigten die bei beiden erlaubnispflichtigen Tätigkeiten unmittelbar mitwirken.

Umfang der Weiterbildung

Der Umfang der Weiterbildung wurde auf 20 Stunden innerhalb eines Zeitraumes von drei Kalenderjahren festgelegt. Gemeint sind hier Zeitstunden von 60 Minuten und nicht etwa Schulstunden von 45 Minuten. Die zeitliche Verteilung bleibt dabei dem Immobilienvermittler überlassen.

Die geforderten Weiterbildungsstunden können in einem Kalenderjahr absolviert oder auf den gesamten Zeitraum von drei Jahren verteilt werden.

> **Hinweis**
>
> Der Umfang der Weiterbildung ist vollumfänglich von einer Person zu absolvieren und kann nicht etwa auf mehrere Personen aufgeteilt werden.

Beginn und Zeitraum der Weiterbildung

Die Weiterbildungspflicht beginnt zum 1. Januar des Kalenderjahres, in welchem dem Immobilienvermittler die Erlaubnis zur Immobilienvermittlung erteilt wurde, beziehungsweise für bei diesem beschäftigte weiterbildungspflichtige Personen, mit Beginn des Jahres, in welchem diese ihre Tätigkeit dort aufgenommen haben. Meist liegt allerdings gar kein gesamter Zeitraum von drei Jahren zu Grunde, da das Gewerbe in der Regel „unterjährig", also im Laufe eines Jahres begonnen wird, als Beginn des Weiterbildungszeitraums jedoch trotzdem der 1. Januar des Jahres, maßgebend ist. Da das Gesetz im Jahre 2018 in Kraft getreten ist, beginnt die Weiterbildungspflicht also erstmals ab dem 1.1.2018 und endet somit nach drei Kalenderjahren mit Ablauf des Jahres 2020, zum 31.12. 2020. Eine Auskunfts- beziehungsweise Informationspflicht gegenüber den Gewerbebehörden oder den Kunden könnte somit frühestens mit Beginn des Jahres 2021 erbracht werden (siehe hierzu auch die Ausführungen zur Auskunftspflicht gegenüber Auftraggebern und Gewerbebehörden Seite 46).

Eine Sonderregelung gilt für Immobilienvermittler oder ihre zur Weiterbildung verpflichteten Beschäftigten, die erfolgreich eine Ausbildung als Immobilienkaufmann/Immobilienkauffrau oder einen Weiterbildungsabschluss als Geprüfter Immobilienfachwirt/Geprüfte Immobilienfachwirtin erworben haben. Hier beginnt die Weiterbildungspflicht erst drei Jahre nach dem Zeitpunkt des Erwerbs des Abschlusses (sog. „Ausbildungsbonus"). Wenn eine dieser Personen ihre Tätigkeit etwa im Jahre 2018 aufnimmt, beginnt die Verpflichtung zur Weiterbildung ab dem 1.1.2021 und endet mit Ablauf des Jahres 2023, also zum 31.12.2023. Dies gilt auch dann, wenn der Abschluss erst nach Aufnahme der weiterbildungspflichtigen Tätigkeit erworben wird, er muss also nicht vor oder bei Beginn der Tätigkeit vorliegen. Bei Abbruch der Ausbildung oder Nichtbestehen der Abschlussprüfung findet diese Regelung keine Anwendung.

Das Vorliegen der Voraussetzung für die zeitliche Befreiung von der Weiterbildungspflicht ist auf Nachfrage der zuständigen Behörde nachzuweisen.

Übertragung der Weiterbildungspflicht auf Personen, denen die Aufsicht über die direkt mit der Vermittlung von Immobilien mitwirkenden Personen übertragen wurde (Delegation)

Grundsätzlich sind alle Personen, die im Besitz einer Erlaubnis zur Vermittlung von Immobilien nach § 34c Gewerbeordnung sind, sowie die unmittelbar bei einer erlaubnispflichtigen Tätigkeit mitwirkenden beschäftigten Personen, von der Weiterbildungspflicht betroffen.

Bei größeren Unternehmen kann es hiervon jedoch Ausnahmen geben, wenn der Weiterbildungsnachweis für eine angemessene Zahl von dem beim Unternehmen beschäftigten natürlichen Personen erbracht wird, denen die Aufsicht über die direkt bei der Vermittlung mitwirkenden Personen übertragen ist und die den Immobilienvermittler vertreten dürfen. Der Immobilienvermittler, der diese Aufgabe delegiert hat, ist dann davon befreit, allerdings wiederum nur unter der Voraussetzung, dass er nicht selbst im operativen Geschäft der Immobilienvermittlung tätig ist, sondern sich ausschließlich auf andere Tätigkeiten, wie etwa Organisation und Leitung des Unternehmens, beschränkt. Auch ist die Delegation der Weiterbildungspflicht nur an solche Personen möglich, die neben ihrer Weisungsbefugnis gegenüber Mitarbeitern auch eine rechtsgeschäftlich erteilte Vertretungsbefugnis gegenüber dem Immobilienvermittler haben.

Die dem weisungsbefugten Mitarbeiter unterstellten Personen unterliegen weiterhin der Weiterbildungspflicht, wenn sich ihre Tätigkeit auf die Vermittlung von Immobilien bezieht. Eine solche Delegation käme also bei größeren Unternehmen in Betracht, wenn sich der oder die Geschäftsinhaber selbst vom operativen Geschäft der Immobilienvermittlung zurückgezogen und sich etwa auf die Organisation und Leitung des Unternehmens beschränken und den operativen Teil der Immobilienvermittlung ausschließlich von ihren Mitarbeitern durchführen lassen.

Eine solche Delegation kann auch bei juristischen Personen oder Personengesellschaften der Fall sein, wenn der Geschäftsführer einer GmbH, der Gesellschafter einer OHG oder der Komplementär einer KG sich ausschließlich auf die Leitung des Unternehmens konzentriert und seine Weiterbildungspflicht auf einen ihm gegenüber vertretungsbefugten Mitarbeiter überträgt, der gegenüber weiteren im Unternehmen beschäftigten Personen, die mit der Immobilienvermittlung betraut sind, weisungsbefugt ist.

Eine weitere Möglichkeit der Befreiung von der Weiterbildungspflicht käme etwa bei Unternehmen, welche in Form einer juristischen Person betrieben und durch natürliche Personen, also etwa die Geschäftsführer einer GmbH oder Vorstände einer AG, vertreten werden, in Frage. Sind etwa in einer GmbH drei Geschäftsführer tätig, von denen aber nur zwei das operative Geschäft, also die Immobilienvermittlung ausüben, der dritte ausschließlich rein organisatorische und innerbetriebliche Arbeiten, wie beispielsweise Buchführung, Rechnungswesen, Datenverarbeitung, Personalführung oder Leitungsfunktionen wahrnimmt, kann dieser von der Weiterbildungspflicht ausgenommen werden, wenn sichergestellt ist, dass die beiden anderen Geschäftsführer ihrer Weiterbildungspflicht nachkommen und dies durch Gesellschafterbeschluss oder Geschäftsführervertrag nachgewiesen werden kann und der von der Weiterbildung Ausgenommene, nicht mit der operativen Tätigkeit der Immobilienvermittlung selbst betraut ist.

Ist ein Gewerbetreibender im Fall einer Delegation sowohl als Immobilienvermittler als auch als Wohnimmobilienverwalter tätig, könnte er, soweit die Voraussetzungen für eine Delegation vorliegen, im Rahmen dieser Delegation, die für ihn anfallenden 40 Stunden Weiterbildung auf zwei verschiedene Personen aufteilen, von denen jeder dann nur 20 Stunden, einer im Immobilienvermittlungsbereich, der andere in der Wohnimmobilienverwaltung, ableisten muss.

Wird die Weisungsbefugnis an eine Person übertragen, die gleichzeitig weiterbildungspflichtige Beschäftigte ist, besteht keine doppelte Weiterbildungspflicht von 40 Stunden, es bleibt in diesem Fall bei 20 Stunden.

Das Wichtigste in Kürze:

- Der Immobilienvermittler, der die Verpflichtung zur Weiterbildung delegiert, darf selbst nicht im operativen Tätigkeitsbereich der Immobilienvermittlung tätig sein.
- Der Mitarbeiter, an den die Verpflichtung zur Weiterbildung delegiert wurde, muss gegenüber den anderen bei der Vermittlung von Immobilien im Unternehmen mitwirkenden weiterbildungspflichtigen Personen weisungsbefugt sein.
- Zudem muss der Mitarbeiter, an den die Verpflichtung zur Weiterbildung delegiert wurde, gegenüber dem Immobilienvermittler, also demjenigen der die Aufgabe delegiert hat, vertretungsberechtigt sein.

Form und Inhalt der Weiterbildung

Die Weiterbildung kann

- in Präsenz- also Anwesenheitsseminaren
- einem begleiteten Selbststudium mit nachweisbarer Lernerfolgskontrolle durch den Weiterbildungsanbieter
- oder betriebsinternen Maßnahmen des Immobilienvermittlers erfolgen.

Auch „andere geeignete Formen" der Weiterbildung wären zulässig, allerdings sind diese gesetzlich nicht genauer definiert, so dass auch hier die zukünftige Rechtsprechung abzuwarten ist. Gegebenenfalls wären mit dieser Formulierung möglicherweise neue Formen der Weiterbildung erfasst. Derzeit wird man sich auf die drei hier genannten Formen der Weiterbildung beschränken müssen.

Die Themenkomplexe sind vielfältig und reichen von der Kundenberatung, den Grundlagen des Maklergeschäfts, den rechtlichen Grundlagen nach BGB oder Vertragsrecht, dem Wettbewerbsrecht, dem Verbraucherschutz, Grundlagen im Immobilien- und Steuerrecht bis hin zu den Grundlagen der Finanzierung.

Serviceerwartungen des Kunden sind dabei genauso Bestandteil des Unterrichts wie etwa die Preisbildung am Immobilienmarkt, Wertermittlung von Objekten, allgemeines Vertragsrecht, Mietrecht, Grundstückskaufvertragsrecht, Grundbuchrecht, Zweckentfremdungsrecht, Telemediengesetz, Preisangabenverordnung und Energieeinsparverordnung. Allgemeine Wettbewerbsgrundsätze, unzulässige Werbung sowie die Grundlagen des Verbraucherschutzes, Schlichtungsstellen und Datenschutz sind Ausbildungsthemen ebenso wie Grundlagen im Steuerrecht zu Einkommen-, Körperschafts-, Gewerbe- und Umsatzsteuer sowie bewertungsgesetzabhängige Steuern und spezielle Verkehrssteuern wie Grunderwerb- und Grundsteuern. Weiters Grundlagen der Finanzierung, von der allgemeinen Investitionsgrundlage und Finanzierungsrechnung über Kostenerfassung, Eigenkapital und Kapitaldienstfähigkeit bis hin zu Förderprogrammen und steuerlichen Aspekten der Finanzierung.

Siehe hierzu auch die in der Anlage 1 zu § 15b Abs. 1 MaBV aufgeführten inhaltlichen Anforderungen an die Weiterbildung für Immobilienmakler Seite 67.

Dem Immobilienvermittler steht es frei, sich aus der Vielzahl der Themenbereiche, von denen oben nur ein geringer Teil angeführt wurde, die für ihn interessantesten oder am Lohnendsten erscheinenden Kurse herauszusuchen und seine Stunden dabei zeitlich wie themenbezogen frei zu verteilen. Es besteht aber auch die Möglichkeit, sich 20 Stunden lang nur auf ein Schwerpunktthema zu konzentrieren.

Der Erwerb eines Ausbildungsabschlusses als Immobilienkaufmann oder Immobilienkauffrau oder eines Weiterbildungsabschlusses als Geprüfter Immobilienfachwirt oder Geprüfte Immobilienfachwirtin gilt als Weiterbildung.

Sammlung und Aufbewahrung von Nachweisen und Unterlagen über Weiterbildungsmaßnahmen

Die zur Weiterbildung verpflichteten Immobilienvermittler sind verpflichtet, Nachweise und Unterlagen zu sammeln über Weiterbildungsmaßnahmen, an denen sie und ihre zur Weiterbildung verpflichteten Beschäftigten teilgenommen haben.

Aus den Nachweisen und Unterlagen müssen mindestens ersichtlich sein:

- Name und Vorname des Immobilienvermittlers oder der Beschäftigten,
- Datum, Umfang, Inhalt und Bezeichnung der Weiterbildungsmaßnahme
- Name und Vorname oder Firma sowie Adresse und Kontaktdaten

des in Anspruch genommenen Weiterbildungsanbieters.

Diese Nachweise und Unterlagen sind fünf Jahre auf einem dauerhaften Datenträger vorzuhalten und in den Geschäftsräumen aufzubewahren. Die Aufbewahrungsfrist beginnt mit dem Ende des Kalenderjahres, in dem die Weiterbildungsmaßnahme durchgeführt wurde. Endet eine Weiterbildungsmaßnahme im Jahre 2019, sind die Nachweise und Unterlagen darüber bis Ende 2024 aufzubewahren.

Auskunftspflicht über die Weiterbildung gegenüber den zuständigen Behörden

Eine Pflicht des Immobilienvermittlers zur regelmäßigen Vorlage von Nachweisen oder einer Erklärung über die Erfüllung der Weiterbildungspflicht gegenüber den zuständigen Gewerbebehörden besteht nicht. Allerdings kann die zuständige Behörde anordnen, dass der Gewerbetreibende ihr gegenüber eine unentgeltliche, also ohne Ersatz von hierfür anfallenden Aufwendungen, Erklärung über die Einhaltung der Weiterbildungspflicht für ihn und seine weiterbildungspflichtigen Beschäftigten abgibt. Zuständige Behörde ist die Gewerbebehörde in deren Zuständigkeitsbereich der Immobilienvermittler sein Gewerbe angemeldet hat oder, sollte er nicht tätig sein, die Gewerbebehörde, bei welcher er seine Immobilienvermittlungserlaubnis beantragt hat.

Die Erklärung sollte grundsätzlich alle weiterbildungspflichtigen Beschäftigten umfassen, welche im jeweiligen Weiterbildungszeitraum für das Unternehmen tätig waren, also auch bereits ausgeschiedene Mitarbeiter.

Die Erklärung kann elektronisch übermittelt werden.

Siehe hierzu das Musterformular zur Erklärung über die Erfüllung der Weiterbildungsverpflichtung Seite 30.

Hinweis

An einen bestimmten Stichtag zur Anordnung über die Vorlage der Erklärung ist die Gewerbebehörde nicht gebunden.

Es besteht eine Verpflichtung des Immobilienvermittlers, unentgeltlich mündliche und schriftliche Auskünfte gegenüber der zuständigen Gewerbebehörde zu geben. Die Behörde ist berechtigt anzuordnen, dass der Immobilienvermittler die zu sammelnden Nachweise und Unterlagen über die Erfüllung der Weiterbildungspflicht vorlegt. Ein Muster hierzu ist auf Seite 30 abgedruckt.

Auskunftspflicht gegenüber Auftraggebern über fachliche Qualifikation und Weiterbildung

Auf Anfrage des Auftraggebers des Maklers hat der Immobilienvermittler diesem unverzüglich, also ohne schuldhafte Verzögerung, Angaben über seine berufsspezifischen Qualifikationen und die in den letzten drei Kalenderjahren absolvierten Weiterbildungsmaßnahmen zu machen. Sofern er in der Immobilienvermittlung Beschäftigte hat, sind diese Angaben auch für die Beschäftigten zu machen.

Soweit der Immobilienvermittler im Internet eine eigene Homepage besitzt, können diese Angaben auch durch Verweis auf die Internetseite des Immobilienvermittlers erfolgen. Ist der Auftraggeber eine natürliche Person, kann dieser die Übermittlung der Angaben in der Amtssprache eines Mitgliedstaates der Europäischen Union oder eines Vertragsstaates des Abkommens über den Europäischen Wirtschaftsraum verlangen, wenn er in diesem Mitgliedstaat oder Vertragsstaat seinen Wohnsitz hat.

Anbieter von Weiterbildungsmaßnahmen

Eine zentrale Institution für Weiterbildungen gibt es nicht. Anbieter von Weiterbildungsmaßnahmen für Immobilienvermittler müssen weder zertifiziert noch staatlich anerkannt sein. Allerdings muss der Anbieter sicherstellen, dass die an ihn gesetzlich gestellten Anforderungen hinsichtlich der Qualität der Weiterbildungsmaßnahme in Bezug auf Planung, systematische Organisation und Sicherstellung der Qualität der Personen, welche die Weiterbildungsmaßnahmen durchführen, erfüllt sind.

Der Immobilienvermittler kann sich an einen Verband aus der Immobilienbranche oder private Anbieter wenden. Auch Weiterbildungskurse bei den örtlichen Volkshochschulen können angerechnet werden, wenn die gesetzlichen Anforderungen an die Qualität der Weiterbildungsmaßnahme erfüllt werden.

Anforderungen an die Qualität der Weiterbildungsmaßnahme

Einer Weiterbildungsmaßnahme muss eine Planung zugrunde liegen, sie muss systematisch organisiert und die Qualität derjenigen, die die Weiterbildung durchführen, muss sichergestellt sein.

Planung

Die Weiterbildungsmaßnahme ist mit zeitlichem Vorlauf zu ihrer Durchführung konzipiert.

Die Weiterbildungsmaßnahme ist in nachvollziehbarer Form für die Teilnehmer beschrieben.

Der Weiterbildungsmaßnahme liegt eine Ablaufplanung zugrunde, auf die sich die Durchführung stützt.

Systematische Organisation

Teilnehmer erhalten im Vorfeld der Weiterbildungsmaßnahme eine Information bzw. eine Einladung in Textform.

Die Information bzw. die Einladung enthält eine Beschreibung der Weiterbildungsmaßnahme, aus der die Teilnehmer die erwerbbaren Kompetenzen sowie den Umfang der Weiterbildungsmaßnahme in Zeitstunden entnehmen können.

Die Anwesenheit des Teilnehmers wird vom Durchführenden der Weiterbildungsmaßnahme verbindlich dokumentiert und nachvollziehbar archiviert. Dies gilt auch für Lernformen wie dem selbstgesteuerten Lernen, dem blended-Learning und dem e-Learning. Bei Weiterbildungsmaßnahmen im Selbststudium ist eine nachweisbare Lernerfolgskontrolle durch den Anbieter der Weiterbildung sicherzustellen.

Sicherstellung der Qualität der Durchführung der Weiterbildung

Für diejenigen, die die Weiterbildungsmaßnahme durchführen, liegen Anforderungsprofile vor.

Systematische Prozesse stellen die Einhaltung dieser Anforderungen sicher.

Kosten der Weiterbildung

Je nach Form der Weiterbildung können die Kosten unterschiedlich hoch ausfallen und dürften in der günstigsten Variante mit etwa 1.000 € für 20 Stunden beginnen, können aber auch in einen höheren vierstelligen Bereich vorrücken. Als berufliche Fort- und Weiterbildungsmaßnahme sind diese Kosten als Werbungskosten steuerlich absetzbar.

Hinweis

Ein Verstoß gegen die Weiterbildungspflicht stellt selbst keinen Ordnungswidrigkeitentatbestand dar. Dieser kann sich aber ergeben, wenn der Immobilienvermittler seinem Auftraggeber keine Angaben über berufsspezifische Qualifikationen oder die in den letzten drei Kalenderjahren absolvierten Weiterbildungsmaßnahmen von sich oder seinen weiterbildungspflichtigen Mitarbeitern macht oder machen kann. Ebenso kann sich eine Ordnungswidrigkeit ergeben, wenn der Immobilienvermittler einer Anordnung der zuständigen Gewerbebehörde zur Erklärung über die Erfüllung der Weiterbildungspflicht in den vorangegangenen drei Kalenderjahren für sich oder seine zur Weiterbildung verpflichteten Beschäftigten nicht nachkommt oder nachkommen kann.

Ebenso liegt eine Ordnungswidrigkeit vor, wenn der Immobilienvermittler Nachweise und Unterlagen über Weiterbildungsmaßnahmen für sich oder seine zur Weiterbildung verpflichteten Beschäftigten nicht sammelt oder fünf Jahre auf einem dauerhaften Datenträger in seinen Geschäftsräumen aufbewahrt.

Das Wichtigste in Kürze:

- Immobilienmakler müssen sich in einem Umfang von 20 Stunden innerhalb eines Zeitraumes von drei Kalenderjahren weiterbilden.
- Dies gilt auch für die im Betrieb beschäftigten Personen, die an der Immobilienvermittlung unmittelbar mitwirken.
- Die Weiterbildungspflicht besteht ab Erlaubniserteilung und ist unabhängig davon, ob das Gewerbe auch tatsächlich ausgeübt wird.
- Bei Personengesellschaften oder juristischen Personen betrifft die Weiterbildungspflicht alle gesetzlichen Vertreter der jeweiligen Gesellschaftsform.
- Bei größeren Unternehmen besteht unter bestimmten Voraussetzungen die Möglichkeit, die Verpflichtung zu Weiterbildung auf andere im Betrieb beschäftigte Personen zu übertragen beziehungsweise zu delegieren (Delegation).
- Für Immobilienmakler, die im Besitz eines Ausbildungsabschlusses als Immobilienkaufmann/-frau oder eines Weiterbildungsabschlusses als Geprüfter Immobilienfachwirt/-wirtin sind, beginnt die Weiterbildungspflicht drei Jahre nach Erwerb des Ausbildungs- oder Weiterbildungsabschlusses.
- Die Weiterbildung kann in Präsenz-, also Anwesenheitsseminaren, einem begleiteten Selbststudium, betriebsinternen Maßnahmen des Immobilienmaklers oder in anderer geeigneter Form erfolgen, soweit diese dabei den gesetzlich vorgegebenen inhaltlichen Anforderungen an die Weiterbildung für Immobilienmakler entspricht.
- Nachweise und Unterlagen über Weiterbildungsmaßnahmen sind zu sammeln und fünf Jahre aufzubewahren.
- Eine Verpflichtung zur Vorlage der Nachweise über die Weiterbildungspflicht an die Behörde besteht nicht, allerding kann diese im Einzelfall eine solche Vorlage anordnen.
- Auf Anfrage hat der Immobilienmakler seinem Auftraggeber Auskünfte über die in den letzten drei Kalenderjahren absolvierten Weiterbildungsmaßnahem für sich oder seine im Betrieb beschäftigen Personen anzugeben. Anbieter von Weiterbildungsmaßnahmen können Verbände der Immobilienbranche oder auch private Anbieter sein, soweit sie über die entsprechenden gesetzlichen Qualifikationsanforderungen verfügen.
- Die Verpflichtung zur Weiterbildung gilt grundsätzlich auch für freie Mitarbeiter oder Handelsvertreter nach § 84 Abs. 1 Handelsgesetzbuch, soweit sie für einen Immobilienmakler tätig werden. Ebenso für Immobilienverwalter, wenn diese zusätzlich im Immobilienbereich tätig werden.

Erklärung

über die Erfüllung der Weiterbildungsverpflichtung nach § 34 c Absatz 2 a GewO i.V. m. § 15 b Absatz 1 MABV

für den Zeitraum ____________________

Firma
Name, Vorname

Bei juristischen Personen:

Name des gesetzlichen Vertreters, Vorname
Straße, Hausnummer
PLZ, Ort

Freiwillige Angaben:

Telefon
E-Mail

Bezeichnung der Weiterbildungsmaßnahme, Datum, Inhalt, Umfang (Stunden), in Anspruch genommener Weiterbildungsanbieter

Ich bestätige, dass die nach § 34 c Absatz 2 a GewO bestehende Verpflichtung zur Weiterbildung eingehalten worden ist.

____________________	____________________
Ort, Datum	Unterschrift des Gewerbetreibenden

III. Anzeige der gewerblichen Tätigkeit

Immobilienmakler haben den Beginn ihrer gewerblichen Tätigkeit gemäß § 14 der Gewerbeordnung der für den betreffenden Ort zuständigen Behörde anzuzeigen. Ebenfalls anzeigepflichtig sind die Verlegung des Betriebes, der Wechsel des Gegenstandes des Gewerbes oder die Ausdehnung auf Waren oder Leistungen, die bei Gewerbebetrieben der angemeldeten Art als nicht geschäftsüblich anzusehen sind, sowie die Aufgabe des Betriebes.

Das Gleiche gilt für den Betrieb einer Zweigniederlassung oder einer unselbstständigen Zweigstelle.

Steht die Aufgabe des Betriebes eindeutig fest und erfolgt innerhalb eines angemessenen Zeitraums keine Abmeldung, kann die Behörde die Abmeldung von Amts wegen durchführen.

Zeitpunkt der Anzeige

Die Anzeigepflicht entsteht mit dem Beginn der Tätigkeit, d.h., wenn der Immobilienmakler erstmals z.B. durch Inserate, Verkaufs- oder Werbegespräche nach außen hin tätig wird.

Sie genügt gleichzeitig der steuerlichen Anzeigepflicht.

Die Gewerbeanzeige soll unter Verwendung eines entsprechenden Vordrucks erstattet werden.

Siehe hierzu das Musterformular Gewerbe-Anmeldung nach § 14 GewO, abgedruckt Seite 35.

Zuständige Behörde

Je nach Bundesland wurde die Zuständigkeit für die Erlaubniserteilung auf Stadtkreise, Landratsämter, Kreisfreie Städte, Bezirksämter, Ortspolizeibehörden, Kreisordnungsbehörden, Landkreise bzw. örtliche Ordnungsbehörden übertragen. In manchen Bundesländern wurde die Zuständigkeit auch auf die Industrie- und Handelskammern übertragen.

Örtlich zuständig ist diejenige Behörde, in deren Bereich der Immobilienmakler seine Betriebsstätte hat. Sind mehrere Betriebsstätten (z.B. Zweigniederlassungen oder unselbstständige Zweigstellen) in Bereichen verschiedener Behörden vorhanden, ist eine Anzeige in jeder Behörde erforderlich.

Betriebsstätte

Betriebsstätte kann auch die Wohnung sein, soweit diese zur Geschäftstätigkeit genutzt wird.

Hinweis

Die Erlaubnis des Vermieters ist einzuholen.

Verlegung des Betriebes

Eine Verlegung ist nur innerhalb des Zuständigkeitsbereichs einer Behörde möglich. Wird der Betrieb in den Zuständigkeitsbereich einer anderen Behörde „verlegt", ist eine Gewerbeabmeldung in der bisher zuständigen Behörde sowie eine Gewerbeanmeldung in der für diesen Bereich zuständigen Behörde durchzuführen.

Wechsel oder Ausdehnung des Gegenstandes des Gewerbes

Ein Wechsel im Gegenstand des Gewerbes liegt z. B. vor, wenn der Immobilienmakler diese Tätigkeit aufgibt und etwa Versicherungs- oder Bausparkassenverträge vermittelt. Eine Ausdehnung auf Leistungen, die bei der angemeldeten Tätigkeit nicht geschäftsüblich sind, liegt z. B. vor, wenn ein Immobilienmakler zusätzlich Darlehen vermittelt oder als Bauträger tätig wird.

Aufgabe des Betriebes

Eine Aufgabe liegt bei einer vollständigen Beendigung eines Betriebes, einer Zweigniederlassung oder einer unselbstständigen Zweigstelle vor. Die Aufgabe lediglich eines Teils der bisher angemeldeten Tätigkeiten ist jedoch nicht anzeigepflichtig. Dies wäre etwa der Fall, wenn neben der Maklertätigkeit noch eine weitere gewerbliche Tätigkeit, wie etwa Versicherungsvermittlung o. Ä., ausgeübt wird.

Hinweis

Ein „Ruhenlassen" oder eine „vorübergehende Einstellung" der gewerblichen Tätigkeit ist gewerberechtlich nicht vorgesehen:

Wird die Tätigkeit als Immobilienmakler nicht mehr ausgeübt, ist eine Gewerbeabmeldung vorzunehmen.

Die Gültigkeit der Erlaubnis nach § 34c GewO wird von der Gewerbeabmeldung nicht berührt. Es genügt somit zur Wiederaufnahme der Maklertätigkeit die erneute Gewerbeanmeldung unter Vorlage der erteilten Erlaubnis.

Zweigniederlassung

Eine Zweigniederlassung liegt vor, wenn ein Betrieb mit selbstständiger Organisation, selbstständigen Betriebsmitteln und gesonderter Buchführung besteht, dessen Leiter Geschäfte selbstständig abzuschließen und durchzuführen befugt ist.

Unselbstständige Zweigstelle

Der Begriff unselbstständige Zweigstelle umfasst jede feste örtliche Anlage oder Einrichtung, die der Ausübung des Immobilienmaklerbetriebes dient.

Anzeigepflichtige Personen

Bei nicht im Handelsregister eingetragenen Unternehmen ist anzeigepflichtig der jeweilige Gewerbetreibende. Bei Personengesellschaften ohne eigene Rechtspersönlichkeit sind die geschäftsführungsberechtigten Gesellschaften anzeigepflichtig, bei juristischen Personen die nach Gesetz, Satzung oder Gesellschaftsvertrag vertretungsberechtigten Personen (z. B. Geschäftsführer, Vorstandsmitglieder).

Abmeldung von Amts wegen

Kommt der Gewerbetreibende seiner Verpflichtung zur Gewerbeabmeldung nicht nach und stellt die Behörde, z. B. durch Nachschau oder unzustellbare Postsendungen, eindeutig fest, dass das Gewerbe nicht mehr ausgeübt wird, und ist keine neue Anschrift zu ermitteln, kann sie das Gewerbe auch ohne entsprechende Anzeige des Gewerbetreibenden von Amts wegen abmelden.

Kosten

Nach dem Kostengesetz sind für die Gewerbeanmeldung, -ummeldung und -abmeldung nur Rahmengebühren vorgesehen. Im Bereich Münchens z. B. beträgt die Gebühr für eine Gewerbeanmeldung für natürliche Personen 47,– Euro, für eine juristische Person 50,– Euro. Eine Erweiterung der Tätigkeit bzw. Verlegung kostet für natürliche Personen 28,– Euro, für eine juristische Person ebenfalls 28,– Euro und eine Gewerbeabmeldung einheitlich 25,– Euro.

Ausnahmen von der Anzeigepflicht für Immobilienmakler aus Staaten der Europäischen Union oder anderen Vertragsstaaten des Abkommens über den Europäischen Wirtschaftsraum

Immobilienmakler, die von einer Niederlassung in einem anderen Mitgliedstaat der Europäischen Union oder von einem anderen Vertragsstaat des Abkommens über den Europäischen Wirtschaftsraum aus vorübergehend selbstständig gewerbsmäßig in Deutschland tätig werden, sind von der Verpflichtung zur Anzeige der gewerblichen Tätigkeit gem. § 14 GewO befreit.

Diese Befreiung gilt nicht, wenn die Tätigkeit aus einem anderen Mitgliedstaat der Europäischen Union oder von einem anderen Vertragsstaat des Abkommens über den Europäischen Wirtschaftsraum heraus zur Umgehung der Verpflichtung zur Anzeige der gewerblichen Tätigkeit gem. § 14 GewO erbracht wird.

Das Wichtigste in Kürze:

- Der Beginn der Tätigkeit ist gemäß § 14 Gewerbeordnung anzuzeigen.
- Ebenfalls anzeigepflichtig sind die Verlegung des Betriebes, der Wechsel des Gegenstandes des Gewerbes oder die Ausdehnung auf Leistungen, die als nicht geschäftsüblich anzusehen sind.
- Die vollständige Aufgabe des Betriebes, einer Zweigniederlassung oder einer unselbstständigen Zweigniederlassung ist ebenfalls anzeigepflichtig. Die Aufgabe lediglich eines Teils der bisher angemeldeten Tätigkeit ist nicht anzeigepflichtig.
- Betriebsstätte kann auch die Wohnung des Immobilienmaklers sein, soweit diese zur Geschäftstätigkeit genutzt wird.
- Ein „Ruhenlassen“ oder eine „vorübergehende Einstellung“ ist gewerberechtlich nicht vorgesehen. In diesen Fällen ist das Gewerbe abzumelden.
- Die Gültigkeit der Erlaubnis wird von der Gewerbeabmeldung nicht berührt.
- Kommt der Immobilienmakler seiner Verpflichtung zur Gewerbeabmeldung nicht nach, kann die Gewerbebehörde das Gewerbe auch von Amts wegen abmelden.
- Immobilienmakler aus Staaten der Europäischen Union oder anderen Vertragsstaaten des Abkommens über den Europäischen Wirtschaftsraum, die nur vorübergehend in Deutschland tätig werden, sind von der Anzeigepflicht befreit.

Name der entgegennehmenden Gemeinde	Gemeindekennzahl Betriebsstätte (Sitz)	**GewA 1**
Gewerbe-Anmeldung nach § 14 GewO oder § 55 c GewO	**Bitte vollständig und gut lesbar ausfüllen sowie die zutreffenden Kästchen ankreuzen**	

Angaben zum Betriebsinhaber Bei Personengesellschaften (z.B. OHG) ist für jeden geschäftsführenden Gesellschafter ein eigener Vordruck auszufüllen. Bei juristischen Personen ist bei Feld Nr. 3 bis 9 und Feld Nr. 30 und 31 der gesetzliche Vertreter anzugeben (bei inländischer AG wird auf diese Angaben verzichtet). Die Angaben für weitere gesetzliche Vertreter zu diesen Nummern sind ggf. auf Beiblättern zu ergänzen.

1 Im Handels-, Genossenschafts- oder Vereinsregister eingetragener Name mit **Rechtsform** (ggf. bei GbR: Angabe der weiteren Gesellschafter)

2 Ort und Nr. des Registereintrages

Angaben zur Person

3 **Name**

4 **Vornamen**

4a Geschlecht männl. ☐ weibl. ☐

5 Geburtsname (nur bei Abweichung vom Namen)

6 Geburtsdatum

7 Geburtsort und – land

8 Staatsangehörigkeit (en) deutsch ☐ andere:

9 Anschrift der Wohnung (Straße, Haus-Nr., PLZ, Ort; freiwillig: e-mail/web) Telefon-Nr. Telefax-Nr.

Angaben zum Betrieb

10 Zahl der geschäftsführenden Gesellschafter (nur bei Personengesellschaften)
Zahl der gesetzlichen Vertreter (nur bei juristischen Personen)

11 Vertretungsberechtigte Person/Betriebsleiter (nur bei inländischen Aktiengesellschaften, Zweigniederlassungen und unselbständigen Zweigstellen)
Name Vornamen

Anschriften (Straße, Haus-Nr., Plz, Ort)

12 Betriebsstätte Telefon-Nr. Telefax-Nr. freiwillig: e-mail/web

13 Hauptniederlassung (falls Betriebsstätte lediglich Zweigstelle ist) Telefon-Nr. Telefax-Nr. freiwillig: e-mail/web

14 Frühere Betriebsstätte Telefon-Nr. Telefax-Nr.

15 Angemeldete Tätigkeit - ggf. ein Beiblatt verwenden (genau angeben: z. B. Herstellung von Möbeln, Elektroinstallationen und Elektroeinzelhandel, Großhandel mit Lebensmitteln usw.; bei mehreren Tätigkeiten bitte Schwerpunkt unterstreichen)

16 Wird die Tätigkeit (vorerst) im Nebenerwerb betrieben ? Ja ☐ Nein ☐

17 Datum des Beginns der angemeldeten Tätigkeit

18 Art des angemeldeten Betriebes Industrie ☐ Handwerk ☐ Handel ☐ Sonstiges ☐

19 Zahl der bei Geschäftsaufnahme tätigen Personen (ohne Inhaber) Vollzeit Teilzeit Keine ☐

Die Anmeldung wird erstattet für
20 Eine Hauptniederlassung ☐ eine Zweigniederlassung ☐ eine unselbständige Zweigstelle ☐
21 ein Automatenaufstellungsgewerbe ☐ 22 ein Reisegewerbe ☐

Grund
23 24 **Neuerrichtung/ Übernahme** Neugründung ☐ Wiedereröffnung nach Verlegung aus einem anderen Meldebezirk ☐ Gründung nach Umwandlungsgesetz (z.B. Verschmelzung, Spaltung) ☐
Wechsel der Rechtsform ☐ Gesellschaftereintritt ☐ Erbfolge/Kauf/Pacht ☐

26 Name des früheren Gewerbetreibenden oder früherer Firmenname

Falls der Betriebsinhaber für die angemeldete Tätigkeit eine Erlaubnis benötigt, in die Handwerksrolle einzutragen oder Ausländer ist:

28	Liegt eine Erlaubnis vor?	Ja ☐ Nein ☐	Wenn Ja, Ausstellungsdatum und erteilende Behörde:
29	**Nur für Handwerksbetriebe** Liegt eine Handwerkskarte vor?	Ja ☐ Nein ☐	Wenn Ja, Ausstellungsdatum und Name der Handwerkskammer:
30	Liegt eine Aufenthaltsgenehmigung vor?	Ja ☐ Nein ☐	Wenn Ja, Ausstellungsdatum und erteilende Behörde:
31	Enthält die Aufenthaltsgenehmigung eine Auflage oder Beschränkung?	Ja ☐ Nein ☐	Wenn Ja, sie enthält folgende Auflagen bzw. Beschränkungen:

Hinweis: Diese Anzeige berechtigt nicht zum Beginn des Gewerbebetriebes, wenn noch eine Erlaubnis oder eine Eintragung in die Handwerksrolle notwendig ist. Zuwiderhandlungen können mit Geldbuße oder Geldstrafe oder Freiheitsstrafe geahndet werden. Diese Anzeige ist keine Genehmigung zur Errichtung einer Betriebsstätte entsprechend dem Planungs- und Baurecht.

32 (Datum) 33 (Unterschrift)

Musterformular Gewerbe-Anmeldung nach § 14 GewO

IV. Pflichtmitteilungen des Immobilienmaklers an seine Kunden

Immobilienmakler sind vor Abschluss eines schriftlichen Vertrages oder, sofern kein schriftlicher Vertrag geschlossen wird, vor Erbringung ihrer Vermittlungstätigkeit, gemäß der Dienstleistungs-Informationspflichten-Verordnung (DL-InfoV) verpflichtet, ihren Kunden nachfolgend aufgeführte Informationen in klarer und verständlicher Form zur Verfügung zu stellen:

1. ihren Familien- und Vornamen, bei rechtsfähigen Personengesellschaften und juristischen Personen die Firma unter Angabe der Rechtsform,
2. die Anschrift ihrer Niederlassung oder, sofern keine Niederlassung besteht, eine ladungsfähige Anschrift sowie weitere Angaben, die es dem Kunden ermöglichen, schnell und unmittelbar mit ihm in Kontakt zu treten, insbesondere eine Telefonnummer und eine E-Mail-Adresse oder Faxnummern,
3. falls der Immobilienmakler in ein solches eingetragen ist, das Handelsregister, Vereinsregister, Partnerschaftsregister oder Genossenschaftsregister unter Angabe des Registergerichts und der Registernummer,
4. Name und Anschrift der zuständigen Behörde, welche die Erlaubnis nach § 34c Gewerbeordnung ausgestellt hat,
5. die Umsatzsteuer-Identifikationsnummer, falls Umsatzsteuerpflicht gegeben ist,
6. die gegebenenfalls verwendeten Allgemeinen Geschäftsbedingungen,
7. die gegebenenfalls verwendeten Vertragsklauseln über das auf den Vertrag anwendbare Recht oder über den Gerichtsstand,
8. gegebenenfalls bestehende Garantien, die über gesetzliche Gewährleistungsrechte hinausgehen,
9. die wesentlichen Merkmale der Dienstleistung, soweit sich diese nicht bereits aus dem Zusammenhang ergeben,
10. falls eine Berufshaftpflicht besteht, Angaben zu dieser, insbesondere den Namen und die Anschrift des Versicherers und den räumlichen Geltungsbereich.

Hinweis

Der Immobilienmakler kann die oben genannten Pflichtinformationen wahlweise dem Kunden von sich aus mitteilen, am Ort der Leistungserbringung oder des Vertragsabschlusses so anbringen, dass sie dem Kunden leicht zugänglich sind, sie dem Kunden über eine von ihm angegebene Adresse elektronisch leicht zugänglich machen oder in alle von ihm dem Kunden zur Verfügung gestellten ausführlichen Informationsunterlagen über die angebotene Vermittlungstätigkeit aufnehmen.

Das Wichtigste in Kürze:

- Vor Abschluss eines schriftlichen Vertrages oder Erbringung der Vermittlungstätigkeit sind die oben genannten Angaben in der Dienstleistungs-Informationspflicht-Verordnung dem Kunden mitzuteilen.
- Formen der Mitteilung sind:
  - ein schriftlicher Aushang am Ort der Leistungserbringung oder des Vertragsabschlusses
  - Aufnahme in die zur Verfügung gestellten Informationsunterlagen.

V. Datenschutzbestimmungen nach der Datenschutz-Grundverordnung (DSGVO) der Europäischen Union

Der Schutz persönlicher Daten nimmt bei zunehmender Digitalisierung in der Privat- und Arbeitswelt einen immer stärkeren Raum ein. Auch der Immobilienmakler, der personenbezogene Daten, gleichgültig ob von Privatpersonen oder Unternehmen, im Rahmen seiner Geschäftstätigkeit verarbeitet, hat die Bestimmungen nach der Datenschutz-Grundverordnung (DSGVO) der Europäischen Union einzuhalten.

Grundsätzlich gilt dabei, dass die Erfassung und Verarbeitung von Personendaten nach der Datenschutz-Grundverordnung verboten ist, es sei denn, dies ist ausdrücklich erlaubt oder für die Geschäftsbeziehung unbedingt notwendig.

Für Immobilienmakler ist das Erfassen und Verarbeiten, darunter versteht man das Nutzen, Speichern oder Übermitteln von Kundendaten, nur dann zulässig, wenn eine der folgenden Voraussetzungen erfüllt ist:

– Erhebung der Daten:

  Wenn der Kunde zustimmt, wobei sich der Makler hier in jedem Fall die schriftliche Einwilligung geben lassen sollte.

  Die Datenschutz-Grundverordnung selbst eine Ausnahme vorsieht, also etwa die Verarbeitung der Daten für die Erfüllung eines Vertrags oder zur Durchführung vorvertraglicher Maßnahmen erforderlich ist.

  Der Makler rechtlich dazu verpflichtet ist Daten zu erheben, wie es etwa nach dem Geldwäschegesetz erforderlich ist.

  Bei der Wahrung berechtigter Interessen, wenn also die Interessen des Betroffenen nicht überwiegen.

– Umgang mit Kundendaten:

  Sie müssen auf rechtmäßiger und nachvollziehbarer Weise verarbeitet werden, d. h. etwa im Rahmen einer vertraglichen Vereinbarung erhoben und in einer Datenbank gespeichert werden.

  Sie dürfen nur für festgelegte, eindeutige und legitime Zwecke erhoben werden.

  Sie müssen sachlich richtig sein.

  Sie müssen in einer Weise verarbeitet werden, die eine angemessene Sicherheit gewährleistet.

  Sie dürfen nur so lange gespeichert werden wie erforderlich und müssen leicht löschbar sein.

Sie sind nach dem Grundprinzip der Datenminimierung auf das notwendige Maß zu beschränken, also etwa E-Mail und Adresse des Kunden.

- Informationspflichten

  Folgende Informationen sind in jedem Fall an den Kunden zu übermitteln:

  Identität des Kunden.

  Kontaktdaten des Datenschutzbeauftragten des Unternehmens soweit vorhanden. Bei einer Unternehmensgröße von zehn Mitarbeitern ist ein Datenschutzbeauftragter vorgeschrieben.

  Bei Datenweitergabe die Kontaktdaten des Empfängers.

  Dauer der Speicherung.

  Hinweis auf die Rechte des Verbrauchers.

- Maßnahmen zur Einhaltung des Datenschutzes:

  Schulung der Mitarbeiter sowie die Durchführung regelmäßiger Kontrollmaßnahmen über die Einhaltung der Datenschutzmaßnahmen.

  Für Unternehmen mit zwanzig oder mehr Mitarbeitern ist die Benennung eines Datenschutzbeauftragten und die Veröffentlichung dessen Kontaktdaten sowie deren Mitteilung an die zuständige Aufsichtsbehörde verpflichtend.

  Verschlüsselung oder Pseudonymisierung personenbezogener Daten.

  Ständige Verfügbarkeit und Überwachung der Datenverarbeitungssysteme auf Belastbarkeit und einwandfreies Arbeiten.

  Schnelle Wiederherstellung der Daten bei technischen Problemen.

  Regelmäßige Überprüfung der Wirksamkeit der geeigneten Maßnahmen.

- Maßnahmen bei Datenschutzverletzungen:

  Datenschutzverletzungen sind unverzüglich, möglichst innerhalb von 72 Stunden nach Bekanntwerden, der zuständigen Datenschutzaufsichtsbehörde des jeweiligen Bundeslandes zu melden. In Bayern wäre dies etwa der Bayerische Landesbeauftragte für den Datenschutz (BayLfD).

- Verstöße gegen die Vorschriften der Datenschutz-Grundverordnung:

  Laut Verordnung sind Höchststrafen bis zu 20 Millionen € oder 4 % des weltweiten Jahresumsatzes eines Unternehmens vorgesehen.

Angedacht ist ein solch hoher Bußgeldrahmen für Konzerne mit Milliardenumsätzen, wie sie im Maklerbereich eher nicht vorkommen. Bei kleineren Verstößen wird das Bußgeld über einige 100 € nicht hinausgehen. Dennoch ist die Einhaltung der Bestimmungen der Datenschutzverordnung dringend zu empfehlen.

Hinweis

Umfangreiches Informationsmaterial über den Datenschutz erhalten Sie beim:

Bundesbeauftragten für den Datenschutz und die Informationsfreiheit

Postfach 14 68,53004 Bonn

Telefon +49 (0) 228997799–0

Fax +49(0) 228997799–5550

E-Mail: poststelle@bfdi.bund.de

Internet: www.bfdi.bund.de

Das Wichtigste in Kürze:

- Für die Bearbeitung personenbezogener Daten ist die Zustimmung der betroffenen Person notwendig. Ausgenommen in Fällen, bei denen diese Daten etwa zur Vertragserfüllung notwendig, eine rechtliche Verpflichtung zur Datenerhebung, etwa durch das Geldwäschegesetz, vorliegt oder bei der Wahrung von berechtigten Interessen.
- Werden Daten erhoben, ist die betreffende Person darauf hinzuweisen und über ihre diesbezüglichen Rechte aufzuklären.
- Personenbezogene Daten sind zu dokumentieren sowie auf das Notwendigste zu beschränken und nach Beendigung des Vertragsverhältnisses zu löschen, ausgenommen das Gesetz sieht etwas anderes vor oder der Kunde stimmt einer weiteren Aufbewahrung zu.
- Die Sicherheit der gespeicherten Daten muss gewährleistet werden. Bei Abhandenkommen von Daten oder Verstößen gegen die Datenschutz-Grundverordnung sind die betreffenden Personen sowie die Aufsichtsbehörde zu informieren.
- Eine regelmäßige Schulung der Mitarbeiter sowie Überprüfung der Sicherheitsmaßnahmen ist zu gewährleisten.
- Bei Unternehmen von zehn und mehr Mitarbeitern ist ein Datenschutzbeauftragter zu benennen.
- Kunden können jederzeit Auskunft über ihre Daten, die Korrektur von fehlerhaften Daten, deren Löschung verlangen oder Widerspruch gegen die Verarbeitung oder den Export ihrer Daten erheben.
- Bei Verstößen drohen hohe Bußgelder.

VI. Pflichtangaben auf der Homepage des Immobilienmaklers

Immobilienmakler, die eine eigene Homepage haben, müssen aufgrund der Bestimmungen des Telemediengesetzes auf dieser Homepage die nachfolgend aufgeführten Informationen leicht erkennbar, unmittelbar erreichbar und ständig verfügbar halten (Impressumspflicht).

1. den Namen und die Anschrift, unter der sie niedergelassen sind, bei juristischen Personen zusätzlich die Rechtsform, den Vertretungsberechtigten und, sofern Angaben über das Kapital der Gesellschaft gemacht werden, das Stamm- oder Grundkapital sowie, wenn nicht alle in Geld zu leistenden Einlagen eingezahlt sind, der Gesamtbetrag der ausstehenden Einlagen,
2. Angaben, die eine schnelle elektronische Kontaktaufnahme und unmittelbare Kommunikation mit ihnen ermöglichen, einschließlich der Adresse der elektronischen Post,
3. soweit der Dienst im Rahmen einer Tätigkeit angeboten oder erbracht wird, die der behördlichen Zulassung bedarf, Angaben zur zuständigen Aufsichtsbehörde,
4. das Handelsregister, Vereinsregister, Partnerschaftsregister oder Genossenschaftsregister, in das sie eingetragen sind, und die entsprechende Registernummer,
5. soweit der Dienst in Ausübung eines Berufs im Sinne von Artikel 1 Buchstabe d der Richtlinie 89/48/EWG des Rates vom 21. Dezember 1988 über eine allgemeine Regelung zur Anerkennung der Hochschuldiplome, die eine mindestens 3-jährige Berufsausbildung abschließen (ABl. EG Nr. L 19 S. 16), oder im Sinne von Artikel 1 Buchstabe f der Richtlinie 92/51/EWG des Rates vom 18. Juni 1992 über eine zweite allgemeine Regelung zur Anerkennung beruflicher Befähigungsnachweise in Ergänzung zur Richtlinie 89/48/EWG (ABl. EG Nr. L 209 S. 25, 1995 Nr. L 17 S. 20), angeboten oder erbracht wird, Angaben über
   a. die Kammer, welcher die Diensteanbieter angehören,
   b. die gesetzliche Berufsbezeichnung und den Staat, in dem die Berufsbezeichnung verliehen worden ist,
   c. die Bezeichnung der berufsrechtlichen Regelungen und dazu, wie diese zugänglich sind,

6. in Fällen, in denen sie eine Umsatzsteueridentifikationsnummer nach § 27a des Umsatzsteuergesetzes besitzen, die Angabe dieser Nummer,
7. bei Aktiengesellschaften, Kommanditgesellschaften auf Aktien und Gesellschaften mit beschränkter Haftung, die sich in Abwicklung oder Liquidation befinden, die Angabe hierüber.

Pflichtangaben nach Nr. 1

Hier sind bei natürlichen Personen Namen und Anschrift, bei juristischen Personen (z. B. GmbH, UG [haftungsbeschränkt], AG, KGaA, e. V.) zusätzlich der Vertretungsberechtigte, anzugeben.

Beispiel für Pflichtangaben bei natürlichen Personen: Hans Berger, Immobilien; Fortuna Immobilien e. K.; Andreas Huber und Gerhard Meier OHG; Bernhard Wagner K. G.;

Beispiel für Pflichtangaben bei juristischen Personen: Arte Immobilien GmbH, Geschäftsführer Peter Kunstmann, Firmensitz München, eingetragen im Handelsregister beim Amtsgericht München HRB 12345.

Pflichtangaben nach Nr. 2

Hier sind die Telefon- und Faxnummer und die E-Mail-Adresse anzugeben.

Pflichtangaben nach Nr. 3

Hier sind Angaben zur Erlaubnis nach § 34c GewO anzugeben.

Beispiel: Erlaubnis nach § 34c Abs. 1 Nr. 1 Buchst. a GewO erteilt durch Landeshauptstadt München, Kreisverwaltungsreferat am 3. 1. 2020

Pflichtangaben nach Nr. 4

Ist das Unternehmen des Immobilienmaklers im Handelsregister, Vereinsregister, Partnerschaftsregister oder Genossenschaftsregister eingetragen, ist dieses Register zusammen mit der entsprechenden Registriernummer anzugeben.

Beispiel: AG Nürnberg, HRA 13579

Pflichtangaben nach Nr. 5

Die Richtlinie 89/48 des Rates vom 21. 12. 1988 über eine allgemeine Regelung zur Anerkennung der Hochschuldiplome, die eine mindestens dreijährige Berufsausbildung abschließen, sowie die Richtlinie 92/51 des Rates vom 18. 6. 1992 über eine zweite allgemeine Regelung zur Anerkennung beruflicher Befähigungsnachweise in Ergänzung zur Richtlinie 89/48 EWG bezieht sich auf reglementierte Tätigkeiten, deren Aufnahmen oder Ausübung in einem Mitgliedstaat der Europäischen Wirtschaftsgemeinschaft direkt oder indirekt durch Rechts- oder Verwaltungsvorschriften an den Besitz eines Diploms gebunden ist.

Da für die Ausübung einer Maklertätigkeit innerhalb der Bundesrepublik Deutschland kein Hochschuldiplom, bislang auch nicht der Nachweis einer Sach- oder Fachkunde, erforderlich ist, kommt dieser Bestimmung hier keinerlei Bedeutung zu.

Pflichtangaben nach Nr. 6

Immobilienmaklern, denen für grenzüberschreitende Geschäfte auf ihren Antrag eine Umsatzsteuer-Identifikationsnummer erteilt wurde, haben diese Nummer auf ihrer Homepage anzugeben.

Hinweis

Diese Nummer ist eine andere als die normale Steuernummer des Gewerbebetriebes.

Beispiel: UST-IDNR DE 135791113

Immobilienmakler, die in der Gesellschaftsform einer AG, KGaA, GmbH oder UG (haftungsbeschränkt) firmieren, müssen – wenn sich die Gesellschaft in Abwicklung bzw. Liquidation befindet – diesbezüglich auf der Homepage einen entsprechenden Hinweis geben.

Beispiel für Pflichtangaben auf der Homepage für Einzelunternehmer bzw. juristische Personen

Einzelunternehmer
Hans Berger Immobilien
Burgstraße 1
12345 Burgstadt

Telefon: +49 (0) 123456789
Telefax: +49 (0) 123456799
E-Mail: info@bergerimmobilien.de

Umsatzsteueridentifikationsnummer (soweit vorhanden): DE 1234567

Erlaubnis nach § 34c Abs. 1 Nummer 1a Gewerbeordnung, erteilt durch die Stadt Burgstadt, Amt für öffentliche Ordnung, am 1. 2. 2020.

Zuständige Aufsichtsbehörde: Landratsamt Burgstadt, Marktplatz 1, 12346 Burgstadt, E-Mail: info@lraburgstadt.de

Juristische Personen

Fortuna Immobilien GmbH
Geschäftsführer: Inge Kunstmann, Andreas Kunstmann
Südenstraße 1
12333 Bergen

Telefon: +49 (0) 123456789
Telefax: +49 (0) 123456799
E-Mail: fortunaimmobilien@bergen.de

Umsatzsteueridentifikationsnummer (soweit vorhanden): DE 1234567

Erlaubnis nach § 34c Abs. 1 Nummer 1a Gewerbeordnung, erteilt durch die Stadt Bergen, Amt für öffentliche Ordnung, am 1. 2. 2020.

Zuständige Aufsichtsbehörde: Landratsamt Bergen, Hauptplatz 1, 12334 Bergen.

Hinweis

Gemäß Online Dispute Resolution Verordnung (Art. 14 Abs. 1 ODR-Verordnung) sollte ein Hinweis zur EU-Online-Streitschlichtungsstelle in das Impressum aufgenommen werden oder aktiv verlinkt werden, so dass der Benutzer mit einem Klick auf dieser Seite landet.

Beispiel: Die Europäische Kommission stellt unter ec.europa.eu/consumers/odr eine Plattform zur Online-Streitbeilegung (OS) bereit.

Beschäftigt ein Maklerunternehmen elf oder mehr Mitarbeiter, ist es verpflichtet, auf ihren Webseiten und in ihren AGBs ausdrücklich zu erklären, ob es bereit oder, etwa aufgrund von Verbandsmitgliedschaften, verpflichtet ist, an einem Streitbeilegungsverfahren nach § 36 VSBG (Verbraucherstreitbeilegungsgesetz) teilzunehmen.

Beispiel: Zur Beilegung von Streitigkeiten mit Verbrauchern haben wir uns zur Teilnahme an einem Streitbeilegungsverfahren vor einer Verbraucherschlichtungsstelle verpflichtet. Die zuständige Verbraucherschlichtungsstelle ist:

Name, Adresse, Telefon, Internet und E-Mail der Schlichtungsstelle.

Alternativ: Zur Teilnahme an einem Streitbeilegungsverfahren vor einer Verbraucherschlichtungsstelle sind wir nicht verpflichtet und grundsätzlich nicht bereit.

Hinweis

Da jedes Impressum individuell ist, können obige Beispiele nur zur Veranschaulichung dienen und sind somit nicht rechtssicher und nicht allgemein verwendbar.

Ein fehlendes oder fehlerhaftes Impressum stellt eine Ordnungswidrigkeit dar, die realere Gefahr geht allerdings von wettbewerbsrechtlichen Abmahnungen konkurrierender Unternehmen nach dem Gesetz zur Bekämpfung des unlauteren Wettbewerbs aus, welche in der Regel mit Kosten von über 1000,- € verbunden sind.

Das Wichtigste in Kürze:

- Auf der Homepage des Immobilienmaklers sind die oben angeführten Pflichtangaben nach den Bestimmungen des Telemediengesetzes zu machen.
- Diese Informationen sind leicht erkennbar, d. h. ohne langes Suchen auffindbar, unmittelbar erreichbar, d. h. in der Regel bereits mit einem Klick, und ständig verfügbar, d. h. durch einen dauerhaft funktionstüchtigen Link, zu halten. Sie sollten zudem immer auf dem neuesten Stand sein, z. B. bei Verlegung der Betriebsstätte.
- Die Impressumspflicht gilt für alle Internetauftritte, also auch Social-Media-Plattformen wie Twitter, Facebook oder eigene Newsletter, soweit diese nicht rein privaten Charakter haben und dort auf entsprechende Dienstleistungen hingewiesen wird. Die Verlinkung mit der eigenen Webseite ist zulässig.
- Zusätzlich empfiehlt es sich, einen Link zur EU-Online-Streitschlichtungsstelle, gemäß Online Dispute Resolution Verordnung (Art. 14 Abs. 1 ODR-Verordnung) aufzunehmen.
- Maklerunternehmen, die elf oder mehr Mitarbeiter beschäftigen, müssen auf ihren Webseiten und in ihren AGB erklären, ob sie bereit sind, an einem Streitbeilegungsverfahren teilzunehmen.

VII. Auskunft und Nachschau gegenüber Behörden

Immobilienmakler haben

- den Beauftragten der zuständigen Behörde
- gemäß § 29 Gewerbeordnung
- die für die Überwachung des Geschäftsbetriebs erforderlichen
- mündlichen und schriftlichen Auskünfte
- innerhalb der gesetzten Frist
- und unentgeltlich

zu erteilen.

Diese Personen sind befugt, zum Zwecke der Überwachung Grundstücke und Geschäftsräume des Gewerbetreibenden während der üblichen Geschäftszeit zu betreten, dort Prüfungen und Besichtigungen vorzunehmen, sich die geschäftlichen Unterlagen vorlegen zu lassen und in diese Einsicht zu nehmen. Zur Verhütung dringender Gefahren für die öffentliche Sicherheit und Ordnung können die Grundstücke und Geschäftsräume tagsüber auch außerhalb der üblichen Geschäftszeiten sowie tagsüber auch dann betreten werden, wenn sie zugleich Wohnzwecken dienen; das Grundrecht der Unverletzlichkeit der Wohnung (Art. 13 des Grundgesetzes) wird insoweit eingeschränkt.

Der Immobilienmakler kann Auskunft auf Fragen verweigern, deren Beantwortung ihn selbst oder Angehörige der Gefahr strafgerichtlicher Verfolgung oder eines Verfahrens nach dem Gesetz über Ordnungswidrigkeiten aussetzen würde.

Erforderliche Auskünfte

Das Auskunftsverlangen bezieht sich auf alle in Beziehung mit der geschäftlichen Tätigkeit stehenden Unterlagen.

Nachschaurecht der Behörde

Durch das Recht zur Nachschau soll der zuständigen Behörde ein Einblick in das Geschäftsgebaren des Immobilienmaklers und die Feststellung ermöglicht werden, ob er seinen gesetzlichen Verpflichtungen ordnungsgemäß nachkommt.

Übliche Geschäftszeiten

Darunter ist sowohl die ortsübliche als auch die besondere Geschäftszeit des jeweiligen Immobilienmaklers zu verstehen. Da diese Zeiten abhängig davon sind, wann der oder die Immobilienmakler des betreffenden Ortes ihren Betrieb üblicherweise dem allgemeinen Publikumsverkehr geöffnet haben, kann dieser Zeitraum theoretisch auch den Abend oder die Wochenenden umfassen.

Öffentliche Sicherheit und Ordnung

Diese ist gefährdet, wenn ohne das Einschreiten der Behörde mit hinreichender Wahrscheinlichkeit der baldige Eintritt eines Schadens an einem wichtigen Rechtsgut von bedeutendem Wert gefährdet ist.

Beispiel für ein wichtiges Rechtsgut:

das Leben oder die Gesundheit von Menschen oder ein Vermögenswert.

In diesem Fall dürfen sowohl die Grundstücke und Geschäftsräume als auch die gleichzeitig Wohnzwecken dienenden Geschäftsräume tagsüber auch außerhalb der üblichen Geschäftszeiten betreten werden. Die Nachschau ist hier an sämtlichen Wochentagen zulässig und nicht etwa auf Werktage beschränkt. Sie darf aber nur tagsüber, d.h. bis etwa 20.00 Uhr, vonstattengehen, um die Privatsphäre des Immobilienmaklers so wenig wie möglich zu beeinträchtigen.

Hinweis

Fragen, deren Beantwortung den Immobilienmakler selbst oder einen seiner nachstehend bezeichneten Angehörigen der Gefahr der Verfolgung wegen einer Straftat oder Ordnungswidrigkeit aussetzen würden, muss er nicht beantworten.

Bei Vorliegen obiger Gründe sind folgende Personen zur Aussageverweigerung berechtigt:

- Verlobte des Immobilienmaklers;
- Ehegatten, auch wenn die Ehe nicht mehr besteht;
- Personen, die mit dem Immobilienmakler in gerader Linie verwandt, verschwägert oder durch Adoption verbunden oder in der Seitenlinie bis zum dritten Grad verwandt oder bis zum zweiten Grad verschwägert sind, auch wenn die Ehe, durch welche die Schwägerschaft begründet ist, nicht mehr besteht (z.B. Eltern, Großeltern, Kinder, Enkel, Urenkel, Geschwister, Schwager).

Verstoß gegen die Auskunftspflicht

Verstöße gegen die Auskunftspflicht sind Ordnungswidrigkeiten, die mit einem Bußgeld belegt werden können.

Das Wichtigste in Kürze:

- Die Behörde ist berechtigt, mündliche oder schriftliche Auskünfte zu verlangen.
- Die Behörde hat das Recht, zum Zwecke der Überwachung Grundstücke und Geschäftsräume zu betreten, dort Prüfungen vorzunehmen sowie Einblick in geschäftliche Unterlagen zu nehmen.
- Der Immobilienmakler kann Auskunft auf Fragen verweigern, die ihn selbst oder Angehörige der Gefahr strafrechtlicher Verfolgung oder eines Verfahrens nach dem Gesetz über Ordnungswidrigkeiten aussetzen würde.

VIII. Vorschriften der Makler- und Bauträgerverordnung (MaBV)

Immobilienmakler haben die Vorschriften der Makler- und Bauträgerverordnung (MaBV) zu beachten. Vorab hierzu einige Erläuterungen.

Fremde Gelder

Der erste Teil des Gesetzes regelt die Entgegennahme von Geldern des Auftraggebers, die vom Immobilienmakler zur Ausführung des Auftrages entgegengenommen werden. Hierunter fällt nicht die Vermittlungsprovision. Auftraggeber sind nur Käufer oder Mieter, nicht aber Verkäufer oder Vermieter. Zentrales Ziel ist es dabei, diese Gelder vor missbräuchlicher Verwendung oder unberechtigtem Zugriff zu schützen.

Bürgschaftsversicherung

Werden fremde Gelder entgegengenommen und besteht keine Inkassovollmacht, ist zu deren Absicherung eine Bürgschaft oder Versicherung oder eine Bürgschaftsversicherung abzuschließen. Geeignete Bürgen sind ausschließlich inländische Körperschaften des öffentlichen Rechts, inländische Kreditinstitute sowie Versicherungsunternehmen, die eine Erlaubnis zum Betrieb der Kautionsversicherung nach dem Versicherungsaufsichtsgesetz besitzen. Der Unterschied zwischen einer Bürgschaft und einer Bürgschaftsversicherung liegt darin, dass bei der Bürgschaftsversicherung alle Ansprüche des Auftraggebers auf Rückgewähr oder Auszahlung seiner Vermögenswerte abgedeckt sind und nicht nur Schadensersatzansprüche wegen vorsätzlich begangener unerlaubter Handlungen. Erfolgt die Absicherung durch eine Versicherung, ist diese nur geeignet, wenn das Versicherungsunternehmen eine Erlaubnis zum Betrieb der Vertrauensschadenversicherung (Personen-Kautionsversicherung) nach dem Versicherungsaufsichtsgesetz besitzt.

Handelt es sich beim Auftraggeber um eine juristische Person des öffentlichen Rechts oder ein öffentlich-rechtliches Sondervermögen oder einen in das Handelsregister eingetragenen Kaufmann, kann auf diese Absicherung verzichtet werden, wenn der Auftraggeber hierauf verzichtet. Werden die fremden Vermögenswerte durch eine Bürgschaftsversicherung abgesichert, kann auf die Einhaltung der Bestimmungen über die Sicherheitsleistungen verzichtet werden.

Bauträger

Relevant sind diese Bestimmungen in erster Linie für Bauträger beim Erwerb eines Grundstücks oder eines schlüsselfertigen Hauses. Bei der Immobilienvermittlung werden Kundengelder zur Erfüllung des Auftrages in der Regel nicht entgegengenommen. Ganz auszuschließen ist es allerdings nicht, dass etwa bei der Vermittlung eines Grundstücks-, Wohnungs- oder Hauskaufes Vorabzahlungen des Käufers oder Mieters an den Makler geleistet werden. Dann hat dieser vollumfänglich die genannten Sicherheitsleitungen zu gewährleisten.

Pflichten des Maklers

Der zweite Teil der MaBV regelt neben der Anzeigepflicht gegenüber der Behörde vor allem Buchführungs-, Aufzeichnungs- und Informationspflichten, von der Annahme des Auftrages bis zur Aufnahme von Vertragsverhandlungen, und enthält Bestimmungen zur Aufbewahrung von Unterlagen.

Zur besseren Veranschaulichung wurde bereits bei der Aufzählung der erforderlichen aufzeichnungspflichtigen Angaben (Ziffer 10 Buchführungspflicht) in Klammern darauf hingewiesen, welche Aufzeichnungen zu welchem Zeitpunkt mitteilungspflichtig und welche nicht mitteilungspflichtig sind.

Der abschließende Teil sind Ordnungsvorschriften zur Informationspflicht und Werbung, Unzulässigkeit abweichender Vereinbarungen, Aufbewahrung von Geschäftsunterlagen, Weiterbildung, außerordentliche Prüfung durch die Behörde sowie Ausnahmegenehmigungen bei grenzüberschreitenden Dienstleistungen.

1. Anwendungsbereich

Immobilienmakler unterliegen den Bestimmungen dieser Verordnung, soweit sie nicht von der Erlaubnispflicht befreit sind.

Anwendung auf andere Berufsgruppen

Hausverwalter

Hausverwalter, die den Abschluss von Verträgen über die Nutzung (d. h. Miet- oder Pachtverträge) der von ihnen für Rechnung Dritter verwalteten Grundstücke, grundstücksgleichen Rechte, gewerblichen Räume oder Wohnräume vermitteln oder die Gelegenheit zum Abschluss solcher Verträge nachweisen, unterliegen nicht den Bestimmungen dieser Verordnung.

Nicht befreit sind Hausverwalter, soweit sie nicht die oben aufgezählten Tatbestände, z.B. Verträge über den Erwerb (d.h. Kauf- oder Erbbaurechtsvertrag) von Grundstücken oder grundstücksgleichen Rechten, vermitteln oder nachweisen und diese Tätigkeit nicht mehr als unbedeutender Annex, d.h. nur 2 bis 3 Vermittlungen jährlich, angesehen werden kann.

Nicht befreit sind Hausverwalter, soweit sie Objekte, die nicht zu ihrem Wohnungsbestand gehören, vermitteln oder nachweisen.

Verwalter im Sinne des Wohnungseigentumsgesetzes

Verwalter im Sinne des Wohnungseigentumsgesetzes sind hinsichtlich des Anwendungsbereiches dieser Verordnung den Hausverwaltern gleichzustellen, wenn ihnen neben der Verwaltung des Gemeinschaftseigentums zusätzlich die Verwaltung des Sondereigentums (Wohnungen, Tiefgaragenstellplatz, Lagerräume, Dachböden oder Kellerräume soweit sie zur Wohnung gehören) übertragen worden ist.

Ist ihnen nur die Verwaltung des Gemeinschaftseigentums übertragen worden und betätigen sie sich darüber hinaus gewerbsmäßig als Immobilienmakler, unterliegen sie den Bestimmungen dieser Verordnung.

Befreiung von der Erlaubnispflicht

Befreit ist der Nachweis oder die Vermittlung von Verträgen über Teilzeitnutzung von Wohngebäuden, die jeweils für einen bestimmten Teil des Jahres zu Erholungs- bzw. Wohnzwecken genutzt werden, sog. Time-Sharing-Modelle.

2. Sicherheitsleistung, Bürgschaft, Versicherung

Immobilienmakler haben, bevor sie zur Ausführung des Auftrages Vermögenswerte des Auftraggebers erhalten oder zu deren Verwendung ermächtigt werden, dem Auftraggeber in Höhe dieser Vermögenswerte Sicherheit zu leisten oder eine zu diesem Zweck geeignete Versicherung abzuschließen.

Vermögenswerte

Bei den Vermögenswerten handelt es sich in erster Linie um Forderungen gegen Kreditinstitute und Bargeld. Da diese „zur Ausführung des Auftrags“ dienen müssen, fallen hierunter nicht evtl. Vorauszahlungen auf Vermittlungsprovisionen, vereinbarte Auslagen oder Reservierungsvereinbarungsgebühren.

Auftraggeber

Immobilienmakler haben grundsätzlich zwei Auftraggeber. Da nach dem Schutzzweck dieser Verordnung Auftraggeber jedoch nur derjenige ist, dem hiervon Verbraucherfunktion zukommt, also z. B. der Erwerber von Grundstücken oder grundstücksgleichen Rechten oder Mieter und nicht der Verkäufer oder Vermieter, sind nur dessen Vermögenswerte abzusichern.

Vermögenswerte des Auftraggebers

Der Immobilienmakler „erhält" Vermögenswerte des Auftraggebers, wenn er daran Eigentum oder Besitz erwirbt oder Inhaber einer Forderung dadurch wird, dass Gelder des Auftraggebers auf eines seiner Konten überwiesen werden.

Er wird „zu deren Verwendung ermächtigt", wenn ihm eine Verfügungsbefugnis darüber eingeräumt wird, ohne dass er Eigentum oder Besitz an diesen Vermögenswerten erwirbt oder Gläubiger einer Forderung wird. Dies ist z. B. dann gegeben, wenn er über Gelder verfügen darf, die auf einem Konto des Auftraggebers oder für den Auftraggeber auf dem Konto eines Dritten eingelegt sind. Eine Ermächtigung zur Verwendung liegt auch dann vor, wenn der Auftraggeber den Immobilienmakler bevollmächtigt, in seinem Namen Verpflichtungen einzugehen.

Keine Ermächtigung zur Verwendung und damit keine Sicherungspflicht liegt jedoch vor, wenn der Immobilienmakler nur gemeinsam mit dem Auftraggeber über die bei einem Dritten (z. B. Kreditinstitut) hinterlegten Vermögenswerte verfügen und der Dritte nur auf gemeinsames Anfordern hin zahlen darf.

Arten der Sicherheitsleistung

Die Vermögenswerte des Auftraggebers dürfen nur durch Bürgschaft oder Versicherung abgesichert werden. Andere Arten von Sicherheitsleistungen sind nicht zulässig.

Bürgschaft

Als geeignete Bürgen kommen nur inländische Körperschaften des öffentlichen Rechts, inländische Kreditinstitute und inländische Versicherungsunternehmen, die die Erlaubnis zum Betrieb der Bürgschaftsversicherung (Kautionsversicherung) besitzen, in Betracht. Die Bürgschaftserklärung muss den Verzicht auf die Einrede der Vorausklage enthalten und für die Gesamtdauer des Auftrags bestehen.

Körperschaften des öffentlichen Rechts

Dies sind zum Beispiel die Gemeinden, Industrie- und Handelskammern sowie die Kirchen.

In der Praxis des Immobilienmaklers ist die Übernahme einer Bürgschaft durch eine Körperschaft des öffentlichen Rechts jedoch kaum anzunehmen.

Inländische Kreditinstitute

Die Übernahme einer Bürgschaft durch inländische Kreditinstitute (Banken, Sparkassen, Genossenschaftsbanken) wird der Regelfall sein.

Inländische Versicherungsunternehmen

Inländische Versicherungsunternehmen sind dann als Bürge geeignet, wenn sie die Erlaubnis zum Betrieb der Bürgschaftsversicherung (Kautionsversicherung) nach dem Versicherungsaufsichtsgesetz besitzen.

Versicherung

Als geeignete Versicherung kommt im Rahmen der Personen-Kautionsversicherung nur die sogenannte „Vertrauensschadenversicherung“ in Betracht, d. h. eine Versicherungsart, bei der der Auftraggeber einen direkten Anspruch gegen die Versicherungsgesellschaft bei Vermögensschäden durch vorsätzlich begangene unerlaubte Handlungen des Immobilienmaklers oder seines Angestellten hat. Eine Berufshaftpflicht- oder Vermögensschadenversicherung ist damit nicht gleichzusetzen und reicht als Sicherheitsleistung nicht aus.

> **Tipp**
>
> Auskunft über geeignete Unternehmen gibt der Gesamtverband der Deutschen Versicherungswirtschaft e. V., Berlin, Wilhelmstraße 43 G, 10117 Berlin, E-Mail: berlin@gdr.de, Tel. 03020205000.

Dauer der Sicherheitsleistung

Die Sicherheitsleistung ist so lange aufrechtzuerhalten, bis die Vermögenswerte des Auftraggebers an den Empfänger, z. B. Verkäufer eines Grundstücks, Vermieter einer Wohnung, übermittelt wurden.

> **Hinweis**
>
> Erhält der Immobilienmakler Vermögenswerte des Auftraggebers, so liegt eine Ausnahme von der Sicherungspflicht nur dann vor, wenn dem Immobilienmakler Inkassovollmacht desjenigen erteilt wurde, an den er sie weiterzuleiten hat, da die Leistungen hier dem Dritten rechtlich zuzuordnen sind. Dies ist z. B. der Fall, wenn eine Anzahlung an den Kaufpreis vom Auftraggeber über den mit Inkassovollmacht betrauten Makler an den Eigentümer des Grundstücks weitergeleitet werden soll.

Immobilienmakler aus Staaten der EU oder aus Vertragsstaaten des Abkommens über den Europäischen Wirtschaftsraum

Immobilienmaklern, die von einer Niederlassung in einem anderen Mitgliedstaat der Europäischen Union oder von einem anderen Vertragsstaat des Abkommens über den Europäischen Wirtschaftsraum aus vorübergehend selbstständig gewerbsmäßig in Deutschland tätig werden, ist eine Bescheinigung über den Abschluss einer Bürgschaftsversicherung als hinreichend anzuerkennen, die von einem Kreditinstitut oder einem Versicherungsunternehmen eines anderen EU- oder EWR-Staates ausgestellt wurde.

3. Verwendung von Vermögenswerten des Auftraggebers

Immobilienmakler dürfen Vermögenswerte des Auftraggebers,

- die sie erhalten haben
- oder zu deren Verwendung sie ermächtigt worden sind,
- nur zur Erfüllung des Vertrages,
- der durch die Vermittlung oder die Nachweistätigkeit des Gewerbetreibenden zustande gekommen ist,

verwenden. Das Gleiche gilt für vom Immobilienvermittler hierzu ermächtigte andere Personen (Hilfspersonal).

Objektbezogene Verwendung zur Erfüllung des Vertrages

Immobilienmakler, die z. B. den Kaufpreis für ein Grundstück, die Mietvorauszahlung oder das Mieterdarlehen für eine Wohnung für den Verkäufer bzw. Vermieter erhalten, dürfen diese Vermögenswerte nur zweckgebunden an den Berechtigten weiterleiten. Die Einzahlung dieser Gelder z. B. auf ein eigenes Konto und die Auszahlung an den Berechtigten oder die Verwendung im Sinne des erteilten Auftrages aus anderen Mitteln ist nicht gestattet.

Ausnahmen von der objektbezogenen Verwendung

Eine Ausnahme von dieser Verpflichtung liegt nur dann vor, wenn dem Immobilienmakler eine Inkassovollmacht des Empfängers erteilt worden ist; dem Makler fließen in diesem Fall keine Vermögenswerte des Auftraggebers, sondern nur solche des Empfängers zu.

Andere Personen (Hilfspersonal)

Unter Hilfspersonal sind hier nicht nur Angestellte oder Mitarbeiter im Betrieb des Immobilienmaklers zu verstehen, sondern alle Personen, die dieser zur Entgegennahme bzw. Verwendung der Vermögenswerte ermächtigt hat bzw. die dies mit seinem Wissen tun.

Form der Sicherstellung

Der Immobilienmakler hat sein Hilfspersonal entsprechend einzuweisen und die Einhaltung seiner Anweisungen zu überprüfen. Verletzt er schuldhaft diese Verpflichtung und wird das Vermögen des Auftraggebers durch Handlungen des Hilfspersonals geschädigt, ist er zum Schadensersatz verpflichtet.

> **Hinweis**
>
> Immobilienmakler sind von der Einhaltung dieser Vorschrift befreit, wenn sie Sicherheit für alle etwaigen Ansprüche des Auftraggebers auf Rückgewähr oder Auszahlung seiner Vermögenswerte durch eine Versicherung oder Bürgschaft geleistet haben oder eine Inkassovollmacht vorliegt.

4. Getrennte Vermögensverwaltung

Immobilienmakler, die zur Ausführung des Auftrages Vermögenswerte des Auftraggebers erhalten, haben diese von ihrem Vermögen und dem ihrer sonstigen Auftraggeber getrennt zu verwalten.

Gelder, die vom Auftraggeber erhalten werden, sind unverzüglich für Rechnung des Auftraggebers auf ein Sonderkonto bei einem Kreditinstitut einzuzahlen und auf diesem Konto bis zur objektbezogenen Verwendung zu belassen. Dem Kreditinstitut ist offenzulegen, dass die Gelder für fremde Rechnung eingelegt werden, und hierbei sind Name, Vorname und Anschrift des Auftraggebers anzugeben.

Das Kreditinstitut ist zu verpflichten, den Auftraggeber unverzüglich zu benachrichtigen, wenn die Einlage von dritter Seite gepfändet oder das Insolvenzverfahren über das Vermögen des Immobilienmaklers eröffnet wird, und dem Auftraggeber jederzeit Auskunft über den Stand des Kontos zu erteilen.

Das Kreditinstitut ist ferner zu verpflichten, bei diesem Konto weder das Recht der Aufrechnung noch ein Pfand- oder Zurückbehaltungsrecht geltend zu machen, es sei denn wegen Forderungen, die in Bezug auf das Konto selbst entstanden sind.

Wertpapiere, die der Immobilienmakler vom Auftraggeber erhält, sind unverzüglich für Rechnung des Auftraggebers einem Kreditinstitut zur Verwahrung anzuvertrauen.

Kreditinstitute

Hierbei handelt es sich um alle inländischen Kreditinstitute (Banken, Sparkassen, Genossenschaften).

Offenlegung der Gelder

Hierdurch sollen die Gelder vor Zugriffen von Gläubigern des Gewerbetreibenden geschützt werden. Durch die Einzahlung auf das Sonderkonto wird der Immobilienmakler zwar rechtlicher Inhaber der Forderung gegen das Kreditinstitut. Der Auftraggeber bleibt jedoch so lange wirtschaftlicher Eigentümer, bis der Immobilienmakler zur objektbezogenen Verwendung befugt ist.

Benachrichtigung und Auskunft gegenüber dem Auftraggeber

Diese Vorschrift soll dem Auftraggeber die Wahrung seiner oben genannten Rechte und die Kontrolle über den Stand des Kontos ermöglichen.

Aufrechnungsrecht, Pfandrecht und Zurückbehaltungsrecht

Durch diese Vorschrift wird ein Aufrechnungsrecht des Kreditinstituts wegen Forderung an den Immobilienmakler ausgeschlossen. Ausgenommen sind Forderungen, die in Bezug auf das Konto selbst entstanden sind.

Wertpapiere

Für den Sonderfall, dass der Immobilienmakler vom Auftraggeber Wertpapiere erhält, sind diese in einem Sonderdepot bei einem inländischen Kreditinstitut aufzubewahren. Im Übrigen gelten die obigen Ausführungen entsprechend.

> **Hinweis**
>
> Immobilienmakler sind von der Einhaltung dieser Vorschrift befreit, wenn sie Sicherheit für alle etwaigen Ansprüche des Auftraggebers auf Rückgewähr oder Auszahlung seiner Vermögenswerte durch eine Bürgschaft oder Versicherung geleistet haben.

5. Ausnahmevorschrift

Immobilienmakler sind von der Einhaltung der vorgenannten Bestimmungen befreit, sofern sie Sicherheit für alle etwaigen Ansprüche des Auftraggebers auf Rückgewähr oder Auszahlung seiner Vermögenswerte geleistet haben (Inkassovollmacht).

Sie sind von den oben genannten Verpflichtungen auch dann freigestellt, wenn es sich bei dem Auftraggeber um eine juristische Person des öffentlichen Rechts oder ein öffentlich-rechtliches Sondervermögen oder einen in das Handelsregister oder das Genossenschaftsregister eingetragenen Kaufmann handelt und der Auftraggeber in gesonderter Urkunde auf die Anwendung dieser Bestimmung verzichtet.

Sicherheit für alle etwaigen Ansprüche

Diese kann nur im Rahmen einer Bürgschaft geleistet werden. Geeignete Bürgen sind auch hier nur inländische Körperschaften des öffentlichen Rechts, inländische Kreditinstitute und inländische Versicherungsunternehmen, die die Erlaubnis zum Betrieb der Bürgschaftsversicherung besitzen. Der Rahmen dieser Bürgschaft ist allerdings weiter als der einer Bürgschaft, da hier alle Ansprüche des Auftraggebers auf Rückgewähr oder Auszahlung seiner Vermögenswerte abgedeckt werden und nicht nur Schadensersatzansprüche wegen vorsätzlich begangener unerlaubter Handlungen.

Juristische Personen des öffentlichen Rechts

Dies sind die Körperschaften des öffentlichen Rechts (z.B. Gemeinden, Industrie- und Handelskammern, Kirchen), die rechtsfähigen Anstalten des öffentlichen Rechts (z.B. Bundesbank, Rundfunkanstalten, Sparkassen) sowie die rechtsfähigen Stiftungen des öffentlichen Rechts (z.B. Hannoversche Klosterkammer, Wittelsbacher Ausgleichsfonds).

Öffentlich-rechtliches Sondervermögen

Dies ist z.B. das Bundeseisenbahn-Sondervermögen.

Kaufleute

Dies sind z.B. Aktiengesellschaften, Gesellschaften mit beschränkter Haftung, Genossenschaften, offene Handelsgesellschaften, Kommanditgesellschaften und, sofern es sich um natürliche Personen handelt, der eingetragene Kaufmann.

Die Kaufmannseigenschaft muss durch einen Registerauszug nachgewiesen werden.

Gesonderte Urkunde

Hierunter ist eine schriftliche Vereinbarung zwischen dem Auftraggeber und dem Immobilienmakler zu verstehen.

6. Rechnungslegung

Immobilienmakler, die zur Ausführung des Auftrages Vermögenswerte des Auftraggebers erhalten oder verwendet haben, müssen dem Auftraggeber nach Beendigung des Auftrags über die Verwendung dieser Vermögenswerte Rechnung legen.

Diese Verpflichtung entfällt, wenn der Auftraggeber nach Beendigung des Auftrages auf die Rechnungslegungspflicht schriftlich verzichtet oder mit den Vermögenswerten des Auftraggebers eine Leistung zu einem Festpreis zu erbringen war.

Umfang der Rechnungslegung

Der Umfang ist durch die Verweisung auf § 259 BGB festgelegt. Dieser hat in Abs. 1 folgenden Wortlaut:

„Wer verpflichtet ist, über eine mit Einnahmen oder Ausgaben verbundene Verwaltung Rechenschaft abzulegen, hat dem Berechtigten eine die geordnete Zusammenstellung der Einnahmen oder der Ausgaben enthaltende Rechnung mitzuteilen und, soweit Belege erteilt zu werden pflegen, Belege vorzulegen."

Ausnahmen von der Rechnungslegungspflicht

Die Rechnungslegungspflicht entfällt, wenn der Auftraggeber nach Beendigung des Auftrags schriftlich darauf verzichtet. Sie entfällt auch, wenn eine Leistung zu einem Festpreis zu erbringen war. Auch ein Teilverzicht auf die Rechnungslegung ist möglich.

Ausnahmen von der Rechnungslegungspflicht für Immobilienmakler aus der EU oder aus Vertragsstaaten des Abkommens über den Europäischen Wirtschaftsraum

Immobilienmakler, die als grenzüberschreitende Dienstleistungserbringer im Sinne der Verordnung zur Anpassung gewerberechtlicher Verordnungen an die Dienstleistungsrichtlinie (DLRLUmsV) vorübergehend selbstständig gewerbsmäßig in Deutschland tätig werden, sind von der Rechnungslegungspflicht befreit.

7. Anzeigepflicht

Immobilienmakler haben der zuständigen Behörde die jeweils mit der Leitung des Betriebes oder einer Zweigniederlassung beauftragten Personen unverzüglich anzuzeigen. Bei juristischen Personen gilt dies für alle nach Gesetz, Satzung oder Gesellschaftsvertrag vertretungsberechtigten Personen z. B. Geschäftsführer, Vorstandsmitglieder.

Dabei sind Name, Geburtsname (sofern er vom Namen abweicht), Vornamen, Staatsangehörigkeit, Geburtstag, Geburtsort und Anschrift der betreffenden Personen anzugeben.

Zuständige Behörde

Diese ist mit derjenigen Behörde, welche für die Erlaubniserteilung zuständig ist, identisch.

Anzeigepflichtiger Personenkreis

Die Anzeigepflicht bezieht sich hier nur auf unselbstständige Betriebsleiter und die Vertretungsberechtigten der juristischen Personen, nicht jedoch auf die Betriebsinhaber selbst.

Unselbstständige Betriebsleiter

Unselbstständige Betriebsleiter sind Personen, die in einem Angestelltenverhältnis zum Betriebsinhaber stehen. Selbstständige Betriebsleiter, d. h. Personen, die nicht in einem Angestelltenverhältnis zum Betriebsinhaber stehen, sind von dieser Vorschrift nicht erfasst. Sie unterliegen jedoch der Anzeigepflicht nach § 14 GewO.

Juristische Personen

Tritt z. B. ein Geschäftsführerwechsel bei einer GmbH oder ein Wechsel eines Vorstandsmitglieds einer AG ein, so ist dies nach dieser Vorschrift anzuzeigen.

Form der Anzeige

Eine bestimmte Form der Anzeige ist nicht vorgesehen. Sie kann deshalb, soweit alle genannten Daten enthalten sind, formlos geschehen.

Ausnahmen von der Anzeigepflicht für Immobilienmakler aus Staaten der Europäischen Union oder anderen Vertragsstaaten des Abkommens über den Europäischen Wirtschaftsraum

Immobilienmakler, die als grenzüberschreitende Dienstleistungserbringer im Sinne der Verordnung zur Anpassung gewerberechtlicher Verordnungen an die Dienstleistungsrichtlinie vorübergehend selbstständig gewerbsmäßig in Deutschland tätig werden, sind von der Anzeigepflicht befreit.

8. Buchführungspflicht

Immobilienmakler haben von der Annahme des Auftrages an Aufzeichnungen unverzüglich und in deutscher Sprache vorzunehmen sowie Unterlagen und Belege übersichtlich zu sammeln.

Annahme des Auftrags

Für Immobilienmakler ist dies der Zeitpunkt, in dem sie einem Kunden die Vermittlung von Verträgen oder die Gelegenheit zum Abschluss von Verträgen zusagen.

Aufzeichnungspflichten

Aus den Aufzeichnungen und Unterlagen müssen die nachfolgenden Angaben zu ersehen sein:

- Name und Vorname oder die Firma sowie die Anschrift des Auftraggebers

> **Hinweis**
>
> Auftraggeber ist nur der Erwerber oder Mieter, nicht jedoch der Veräußerer oder Vermieter.

- das für die Vermittler- oder Nachweistätigkeit vom Auftraggeber zu entrichtende Entgelt; das Entgelt ist in einem Bruchteil oder Vielfachen der Monatsmiete anzugeben (Mitteilungspflicht nach Annahme des Auftrages)

> **Hinweis**
>
> Diese Bestimmung ist nur anzuwenden, wenn der Vermittler die Provision vom Auftraggeber direkt erhält; keine Aufzeichnungspflicht besteht, wenn nur Veräußerer oder Vermieter provisionspflichtig ist.

- die Ermächtigung des Immobilienmaklers zur Entgegennahme von Zahlungen oder sonstigen Leistungen (Mitteilungspflichtig spätestens bei Aufnahme der Vertragsverhandlungen)
- die Art und Höhe der Vermögenswerte des Auftraggebers, die der Immobilienmakler zur Ausführung des Auftrages erhalten oder zu deren Verwendung er ermächtigt werden soll (Mitteilungspflicht spätestens bei Aufnahme der Vertragsverhandlungen)

- die Art, Höhe und Umfang der vom Immobilienmakler für die Vermögenswerte zu leistenden Sicherheit und abzuschließenden Versicherung, Name oder Firma und Anschrift des Bürgen und der Versicherung (Mitteilungspflicht spätestens bei Aufnahme der Vertragsverhandlungen)

Hinweis

Diese Aufzeichnungen kommen nur für solche Immobilienmakler in Betracht, die Vermögenswerte ihrer Auftraggeber erhalten oder zu deren Verwendung ermächtigt werden.

- die Vertragsdauer (Mitteilungspflicht nach Annahme des Auftrags)

Hinweis

Durch die Angabe der Vertragsdauer soll der Auftraggeber wissen, wie lange er sich bindet.

- bei der Vermittlung oder dem Nachweis der Gelegenheit zum Abschluss von Verträgen über den Erwerb von Grundstücken oder grundstücksgleichen Rechten: Lage, Größe und Nutzungsmöglichkeit des Grundstücks, Art, Alter und Zustand des Gebäudes, Ausstattung, Wohn- und Nutzfläche, Zahl der Zimmer, Höhe der Kaufpreisforderung einschließlich zu übernehmender Belastungen, Name, Vorname und Anschrift des Veräußerers (Mitteilungspflicht spätestens bei Aufnahme der Vertragsverhandlungen)

Hinweis

Anzuwenden beim Verkauf von Grundstücken und Wohnungseigentum. Zu den Grundstücken zählen auch Verträge über die Vermittlung von Hypotheken und Grundschulden sowie über das sogenannte Immobilienleasing. Ein grundstücksgleiches Recht ist in erster Linie das Erbbaurecht.

- bei der Vermittlung oder dem Nachweis der Gelegenheit zum Abschluss von Verträgen über die Nutzung von Grundstücken oder grundstücksgleichen Rechten: Lage, Größe und Nutzungsmöglichkeit des Grundstücks, Art, Alter und Zustand des Gebäudes, Ausstattung, Wohn- und Nutzfläche, Zahl der Zimmer, Höhe der Mietforderung sowie gegebenenfalls die Höhe eines Baukostenzuschusses, einer Kaution, einer Mietvorauszahlung, eines Mieterdarlehens oder einer Abstandssumme, Name, Vorname und Anschrift des Vermieters (Mitteilungspflicht spätestens bei Aufnahme der Vertragsverhandlungen)

Hinweis

Anzuwenden bei Grundstücks- und Gebäudevermietung sowie -verpachtung.

- bei der Vermittlung oder dem Nachweis der Gelegenheit zum Abschluss von Verträgen über die Nutzung von gewerblichen Räumen oder Wohnräumen: Lage des Grundstücks und der Räume, Ausstattung, Nutz- und Wohnfläche, Zahl der Räume, Höhe der Mietforderung sowie gegebenenfalls Höhe des Baukostenzuschusses, einer Kaution, einer Mietvorauszahlung, eines Mieterdarlehens oder einer Abstandssumme, Name, Vorname und Anschrift des Vermieters (Mitteilungspflicht spätestens bei Aufnahme der Vertragsverhandlungen)

Hinweis

Anzuwenden bei der Wohn- und Gewerberaumvermietung. Hierzu gehören alle Arten von Raumüberlassung einschließlich Pacht und Untermiete (Wohnungs- und Zimmervermittlung).

- die Art und Höhe der Vermögenswerte des Auftraggebers, die der Immobilienmakler zur Ausführung des Auftrages erhalten hat oder zu deren Verwendung er ermächtigt wurde
- das für die Vermittler- oder Nachweistätigkeit vom Auftraggeber entrichtete Entgelt
- eine Bestätigung des Auftraggebers über die Aushändigung der zur unmittelbaren Inanspruchnahme von Sicherheiten und Versicherungen erforderlichen Urkunden
- eine Kopie der Bürgschaftsurkunde und des Versicherungsscheins
- die Verwendung von Vermögenswerten des Auftraggebers durch den Immobilienmakler nach Tag und Höhe, bei Teilbeträgen auch eine Bestätigung des Auftraggebers darüber, dass ihm die ordnungsgemäße Verwendung der Teilbeträge nachgewiesen worden ist
- der Tag und Grund der Auftragsbeendigung
- der Tag der Beendigung des Bürgschaftsvertrages und der Versicherung
- ein Nachweis darüber, dass es sich bei dem Auftraggeber um eine juristische Person des öffentlichen Rechts oder ein öffentlich-rechtliches Sondervermögen oder einen in das Handelsregister oder das Genossenschaftsregister eingetragenen Kaufmann handelt
- ein Nachweis, dass dem Auftraggeber die nach § 11 MaBV mitteilungspflichtigen Unterlagen rechtzeitig und vollständig mitgeteilt worden sind.

Tipps zur praktischen Durchführung

Es empfiehlt sich, für die verschiedenen Tätigkeitsmerkmale Formulare zu gestalten, welche die jeweils vorgeschriebenen aufzeichnungs- und informationspflichtigen Angaben enthalten. Diese Formulare dienen dann auch der Beweissicherung für das Zustandekommen des Maklervertrages sowie einer eventuellen Nachweitätigkeit. Die eventuelle Vermittlungstätigkeit lässt sich ohne Weiteres aus der Korrespondenz, aus den Belegen usw. unter Beweis stellen.

Nimmt der Makler den Auftrag eines Wohnungssuchenden zum Nachweis einer Wohnung an, verfügt aber zum Zeitpunkt des Vertragsabschlusses über kein geeignetes nachweisbares Objekt, muss er dennoch der Aufzeichnungspflicht genügen.

Ausnahmen von der Anzeigepflicht für Immobilienmakler aus der EU oder Vertragsstaaten des Abkommens über den Europäischen Wirtschaftsraum

Immobilienmakler, die als grenzüberschreitende Dienstleistungserbringer im Sinne der Verordnung zur Anpassung gewerberechtlicher Verordnungen an die Dienstleistungsrichtlinie vorübergehend selbstständig gewerbsmäßig in Deutschland tätig werden, sind von der Buchführungspflicht befreit.

9. Informationspflicht und Werbung

Immobilienmakler haben dem Auftraggeber in Textform die unter Punkt 8 (Buchführungspflicht) gemachten Angaben nach Annahme des Auftrages bzw. spätestens bei Aufnahme der Vertragsverhandlungen mitzuteilen.

Diese Angaben können durch Verweis auf die Internetseite des Immobilienvermittlers erfolgen. Ist der Auftraggeber eine natürliche Person, kann er die Übermittlung der Angaben in der Amtssprache eines Mitgliedstaates der Europäischen Union oder eines Vertragsstaates des Abkommens über den Europäischen Wirtschaftsraum verlangen, wenn er in diesem Mitgliedstaat oder Vertragsstaat seinen Wohnsitz hat.

Textform

Der Begriff der Textform muss drei Anforderungen zu erfüllen:

- eine lesbare Erklärung
- in der die Person des Erklärenden genannt ist
- und die in einer Urkunde oder auf eine andere dauerhafte Wiedergabe in Schriftzeichen geeignete Weise (dauerhafter Datenträger) dargelegt ist.

Nach Annahme des Auftrags

Die Auftragsannahme ist der Zeitpunkt, nach dem einem Auftraggeber die Vermittlung von Verträgen oder der Nachweis der Gelegenheit zum Abschluss von Verträgen zugesagt wurde.

Mitteilungspflichtig nach Annahme des Auftrags

Nach Annahme des Auftrags ist der Auftraggeber zu informieren über:

1. das für die Vermittler- oder Nachweistätigkeit vom Auftraggeber zu entrichtende Entgelt; das Entgelt ist in einem Bruchteil oder Vielfachem der Monatsmiete anzugeben.
2. die Vertragsdauer.

Aufnahme der Vertragsverhandlungen

Dies ist der Zeitpunkt, wenn mit dem Auftraggeber konkrete Gespräche über das zu vermittelnde oder nachzuweisende Objekt geführt werden.

Mitteilungspflichten nach Aufnahme der Vertragsverhandlungen

Nach Aufnahme der Vertragsverhandlungen ist der Auftraggeber zu informieren über:

- die Ermächtigung des Immobilienmaklers zur Entgegennahme von Zahlungen oder sonstigen Leistungen.
- die Art und Höhe der Vermögenswerte des Auftraggebers, die der Immobilienmakler zur Ausführung des Auftrags erhalten oder zu deren Verwendung er ermächtigt werden soll.
- die Art, Höhe und Umfang der vom Immobilienmakler für die Vermögenswerte zu leistenden Sicherheit und abzuschließenden Versicherung, Name oder Firma und Anschrift des Bürgen und der Versicherung.
- bei der Vermittlung oder dem Nachweis der Gelegenheit zum Abschluss von Verträgen über den Erwerb von Grundstücken oder grundstücksgleichen Rechten: Die Lage, Größe und Nutzungsmöglichkeit des Grundstücks, Art, Alter und Zustand des Gebäudes, Ausstattung, Wohn- und Nutzfläche, Zahl der Zimmer, Höhe der Kaufpreisforderung einschließlich zu übernehmender Belastungen, Name, Vorname und Anschrift des Veräußerers.
- bei der Vermittlung oder dem Nachweis der Gelegenheit zum Abschluss von Verträgen über die Nutzung von Grundstücken oder grundstücksgleichen Rechten: Die Lage, Größe und Nutzungsmöglichkeit des Grundstücks, Art, Alter und Zustand des Gebäudes, Ausstattung, Wohn- und Nutzfläche, Zahl der Zimmer, Höhe der Mietforderung sowie gegebenenfalls die Höhe eines Baukostenzuschusses, einer Kaution, einer Mietvorauszahlung, eines

Mieterdarlehens oder einer Abstandssumme, einschließlich zu übernehmender Belastungen, Name, Vorname und Anschrift des Vermieters.

- bei der Vermittlung oder dem Nachweis der Gelegenheit zum Abschluss von Verträgen über die Nutzung von gewerblichen Räumen oder Wohnräumen: Die Lage des Grundstücks und der Räume, Ausstattung, Wohn- und Nutzfläche, Zahl der Räume, Höhe der Mietforderung sowie gegebenenfalls die Höhe eines Baukostenzuschusses, einer Kaution, einer Mietvorauszahlung, eines Mieterdarlehens oder einer Abstandssumme, Name, Vorname und Anschrift des Vermieters.

Mitteilungspflichtig auf Anfrage

Auf Anfrage des Auftraggebers sind unverzüglich Angaben über die berufsspezifischen Qualifikationen und die in den letzten drei Kalenderjahren absolvierten Weiterbildungsmaßnahmen des Immobilienvermittlers und der unmittelbar bei der erlaubnispflichtigen Tätigkeit mitwirkenden Beschäftigten zu machen.

Diese Angaben können durch Verweis auf die Internetseite des Immobilienmaklers erfolgen. Ist der Auftraggeber eine natürliche Person, kann er die Übermittlung der Angaben in der Amtssprache eines Mitgliedstaates der Europäischen Union oder eines Vertragsstaates des Abkommens über den Europäischen Wirtschaftsraum verlangen, wenn er in diesem Mitgliedstaat oder Vertragsstaat seinen Wohnsitz hat.

Tipps zur praktischen Durchführung

Für einen Nachweis über die Erfüllung der Buchführungs- und Informationspflicht empfiehlt sich die Gestaltung von Formularen, in denen alle notwendigen Angaben enthalten sind.

Sollte der Auftraggeber auf einem Formular nicht unterschrieben haben, so reicht es aus, wenn der Makler einen Vermerk anbringt, dass dem Auftraggeber ein Formular ausgehändigt bzw. zugesandt wurde, dieser jedoch seine Unterschrift verweigert bzw. auf eine unterzeichnete Rücksendung verzichtet hat. Angaben über die berufsspezifischen Qualifikationen und die in den letzten drei Kalenderjahren absolvierten Weiterbildungsmaßnahmen des Immobilienvermittlers und der unmittelbar bei der erlaubnispflichtigen Tätigkeit mitwirkenden Beschäftigten können durch Verweis auf die Internetseite des Immobilienmaklers erfolgen. Grundsätzlich ist davon auszugehen, dass die Information über die erforderlichen Angaben in deutscher Sprache erfolgt. Im Zuge der zunehmenden Internationalisierung der Geschäftsbeziehungen sowie im zunehmenden grenzüberschreitenden Dienstleistungsverkehr ist es aber möglich, dass sowohl der Makler als auch sein Auftraggeber oder Kunde über eine andere als die deutsche Mutter- und Geschäftssprache verfügen. Es ist somit nicht zwingend erforderlich, die Informationspflicht stets in deutscher Sprache zu erfüllen. Sie kann demnach auch in der Mutter- oder Geschäftssprache des Maklers, seines Auftraggebers oder Kunden vorgenommen werden.

Ausnahmen für Immobilienmakler aus der EU oder aus Vertragsstaaten des Abkommens über den Europäischen Wirtschaftsraum

Immobilienmakler, die als grenzüberschreitende Dienstleistungserbringer im Sinne der Verordnung zur Anpassung gewerberechtlicher Verordnungen an die Dienstleistungsrichtlinie vorübergehend selbstständig gewerbsmäßig in Deutschland tätig werden, sind von der Informationspflicht befreit.

10. Unzulässigkeit abweichender Vereinbarungen

Immobilienmakler dürfen ihre vorgenannten vertraglichen Vereinbarungen weder ausschließen noch beschränken.

Diese Bestimmung ist nur von Bedeutung, wenn der Immobilienmakler fremde Vermögenswerte des Auftraggebers (Käufer oder Mieter, nicht Verkäufer oder Vermieter) zur Erfüllung des Auftrages angenommen hat.

11. Aufbewahrung

Immobilienmakler haben die aufzeichnungspflichtigen Vorgänge fünf Jahre in den Geschäftsräumen aufzubewahren.

Die Aufbewahrungsfrist beginnt jeweils mit Schluss des Kalenderjahres, in dem der letzte aufzeichnungspflichtige Vorgang bzw. die letzte Veröffentlichung oder Werbung stattgefunden hat.

Der Immobilienmakler hat auf Verlangen der zuständigen Behörde auf seine Kosten die erforderliche Anzahl ohne Hilfsmittel lesbarer Reproduktionen vorzulegen.

Ort der Aufbewahrung

Sind mehrere Betriebsstätten vorhanden, ist es dem Immobilienmakler freigestellt, ob er die Unterlagen in den Räumen der Hauptniederlassung, der Zweigstelle oder der unselbstständigen Zweigstelle aufbewahrt.

Frist der Aufbewahrung

Die fünfjährige Aufbewahrungsfrist für Unterlagen beginnt mit Ablauf des Jahres, in dem diese angefallen sind. Die Aufbewahrungsfrist endet auch mit einer Einstellung der gewerblichen Tätigkeit z. B. durch Gewerbeabmeldung.

Ausnahmen von der Aufbewahrungspflicht für Immobilienmakler aus der EU oder aus Vertragsstaaten des Abkommens über den Europäischen Wirtschaftsraum

Immobilienmakler, die als grenzüberschreitende Dienstleistungserbringer im Sinne der Verordnung zur Anpassung gewerberechtlicher Verordnungen an die Dienstleistungsrichtlinie vorübergehend selbstständig gewerbsmäßig in Deutschland tätig werden, sind von der Aufbewahrungspflicht befreit.

12. Weiterbildung

Immobilienmakler, die zur Weiterbildung verpflichtet sind, müssen sich fachlich entsprechend ihrer ausgeübten Tätigkeit weiterbilden. Die inhaltlichen Anforderungen an die Weiterbildung sind an den Vorgaben der Anlage 1 zu § 15b Abs. 1 der Verordnung über die Pflichten der Immobilienmakler, Darlehensvermittler, Bauträger, Baubetreuer und Wohnimmobilienverwalter – MaBV auszurichten.

Die Weiterbildung kann in Präsenzform, in einem begleiteten Selbststudium, durch betriebsinterne Maßnahmen des Gewerbetreibenden oder in einer anderen geeigneten Form erfolgen.

Bei Weiterbildungsmaßnahmen in einem begleiteten Selbststudium ist eine nachweisbare Lernerfolgskontrolle durch den Anbieter der Weiterbildung erforderlich. Der Anbieter der Weiterbildung muss sicherstellen, dass die in Anlage 2 zu § 15b Abs. 1 der Verordnung über die Pflichten der Immobilienmakler, Darlehensvermittler, Bauträger, Baubetreuer und Wohnimmobilienverwalter – MaBV aufgeführten Anforderungen an die Qualität der Weiterbildungsmaßnahme eingehalten werden. Der Erwerb eines Ausbildungsabschlusses als Immobilienkaufmann oder Immobilienkauffrau oder eines Weiterbildungsabschlusses als Geprüfter Immobilienfachwirt oder Geprüfte Immobilienfachwirtin gilt als Weiterbildung.

Die zur Weiterbildung verpflichteten Immobilienmakler sind verpflichtet, Nachweise und Unterlagen zu sammeln über Weiterbildungsmaßnahmen, an denen sie und ihre zur Weiterbildung verpflichteten Beschäftigten teilgenommen haben. Aus den Nachweisen und Unterlagen müssen mindestens ersichtlich sein: Name und Vorname des Immobilienmaklers oder der Beschäftigten, Datum, Umfang, Inhalt und Bezeichnung der Weiterbildungsmaßnahme sowie Name und Vorname oder Firma sowie Adresse und Kontaktdaten des in Anspruch genommenen Weiterbildungsanbieters. Diese Nachweise und Unterlagen sind fünf Jahre auf einem dauerhaften Datenträger vorzuhalten und in den Geschäftsräumen aufzubewahren. Die Aufbewahrungsfrist beginnt mit dem Ende des Kalenderjahres, in dem die Weiterbildungsmaßnahme durchgeführt wurde.

Die für die Erlaubniserteilung zur Immobilienvermittlung zuständige Behörde kann anordnen, dass der Immobilienvermittler ihr gegenüber eine unentgeltliche Erklärung mit dem Inhalt nach dem Muster 3 der Anlage über die Erfüllung der Weiterbildungspflicht, an den vorangegangenen drei Kalenderjahren durch ihn und seine zur Weiterbildung verpflichteten Beschäftigten abgibt. Die Erklärung kann elektronisch erfolgen.

Für zur Weiterbildung verpflichtete Immobilienmakler oder ihre zur Weiterbildung verpflichteten Beschäftigten, die im Besitz eines Ausbildungsabschlusses als Immobilienkaufmann oder Immobilienkauffrau oder eines Weiterbildungsabschlusses als Geprüfter Immobilienfachwirt oder Geprüfte Immobilienfachwirtin sind, beginnt die Pflicht zur Weiterbildung drei Jahre nach Erwerb des Ausbildungs- oder Weiterbildungsabschlusses.

Siehe hierzu die Ausführungen unter Abschnitt II., Verpflichtung zur Weiterbildung, Seite 19 ff.

13. Prüfung

Die zuständige Behörde kann Immobilienmakler aus besonderem Anlass im Rahmen einer außerordentlichen Prüfung durch einen von ihr zu bestimmenden geeigneten Prüfer überprüfen lassen.

Außerordentliche Prüfung

Dies kann etwa in Betracht kommen, wenn sich Erkenntnisse über mögliche Gesetzesverstöße oder Tatbestände, welche eine gewerbliche Unzuverlässigkeit des Immobilienmaklers begründen, ergeben haben.

Geeignete Prüfer

Geeignete Prüfer sind Wirtschaftsprüfer, vereidigte Buchprüfer, Wirtschaftsprüfungs- und Buchprüfungsgesellschaften, Prüfungsverbände, zu deren gesetzlichem oder satzungsgemäßem Zweck die regelmäßige und außerordentliche Prüfung ihrer Mitglieder gehört, sofern von ihren gesetzlichen Vertretern mindestens einer Wirtschaftsprüfer ist, sie die Voraussetzungen des § 63b Abs. 5 des Gesetzes betreffend die Erwerbs- und Wirtschaftsgenossenschaften erfüllen oder sie sich für ihre Prüfungstätigkeit selbstständiger Wirtschaftsprüfer oder vereidigter Buchprüfer oder einer Wirtschaftsprüfungs- oder Buchprüfungsgesellschaft bedienen.

Geeignete Prüfer sind auch andere Personen, die öffentlich bestellt oder zugelassen worden sind und die auf Grund ihrer Vorbildung und Erfahrung in der Lage sind, eine ordnungsgemäße Prüfung in dem jeweiligen Gewerbebetrieb durchzuführen. Hierzu zählen in erster Linie Angehörige der steuerberatenden Berufe und Rechtsanwälte.

Ungeeignete Prüfer

Personen, bei denen Besorgnis der Befangenheit besteht, sind für eine Prüfung ungeeignet. Dies sind z.B. Prüfer, welche eine enge Beziehung persönlicher, verwandtschaftlicher oder wirtschaftlicher Art zu der zu prüfenden Person oder einer leitenden Persönlichkeit des zu prüfenden Unternehmens haben, wie Verlobte, Ehegatten, Verwandte und Verschwägerte gerader Linie, Geschwister, Kinder der Geschwister, Ehegatten der Geschwister und Geschwister der Ehegatten, Geschwister der Eltern und Personen, die durch ein auf längere Dauer angelegtes Pflegeverhältnis mit häuslicher Gemeinschaft wie Eltern und Kind miteinander verbunden sind (Pflegeeltern und Pflegekinder).

> **Hinweis**
>
> Die außerordentliche Prüfung durch einen von der Behörde zu bestimmenden Prüfer wird in der Praxis eine absolute Ausnahme bleiben. Sollte eine Behörde einen Immobilienmakler überprüfen wollen, wird sie dies im Rahmen der Auskunft und Nachschau gegenüber Behörden tun.

Ausnahmen von der Prüfungspflicht für Immobilienmakler aus der EU oder Vertragsstaaten des Abkommens über den Europäischen Wirtschaftsraum

Immobilienmakler, die als grenzüberschreitende Dienstleistungserbringer im Sinne der Verordnung zur Anpassung gewerberechtlicher Verordnungen an die Dienstleistungsrichtlinie vorübergehend selbständig gewerbsmäßig in Deutschland tätig werden, sind von der Prüfungspflicht befreit.

14. Rechte und Pflichten der an der Prüfung Beteiligten

Immobilienmakler haben dem Prüfer die Einsicht in die Bücher, Aufzeichnungen und Unterlagen zu gestatten und ihm alle Aufklärungen und Nachweise zu geben, die dieser für eine sorgfältige Prüfung benötigt.

Ausnahme von dieser Bestimmung für Immobilienmakler aus der EU oder Vertragsstaaten des Abkommens über den Europäischen Wirtschaftsraum

Immobilienmakler, die als grenzüberschreitende Dienstleistungserbringer im Sinne der Verordnung zur Anpassung gewerberechtlicher Verordnungen an die Dienstleistungsrichtlinie vorübergehend selbstständig gewerbsmäßig in Deutschland tätig werden, sind von der Einhaltung dieser Bestimmung befreit.

15. Anwendung bei grenzüberschreitender Dienstleistungserbringung

Immobilienmakler, die von einer Niederlassung in einem anderen Mitgliedstaat der Europäischen Union oder von einem anderen Vertragsstaat des Abkommens über den Europäischen Wirtschaftsraum aus vorübergehend selbstständig gewerbsmäßig in Deutschland tätig werden, sind von der Verpflichtung zur Rechnungslegung, Anzeigepflicht, Buchführungspflicht, Informationspflicht und Werbung, Aufbewahrungspflicht, Prüfungsbestimmungen befreit.

Verstöße gegen die Makler- und Bauträgerverordnung

Verstöße gegen die Makler- und Bauträgerverordnung sind Ordnungswidrigkeiten, die mit einem Bußgeld belegt werden können.

Das Wichtigste in Kürze:

- Werden Kundengelder zur Erfüllung des Auftrages entgegengenommen, und besteht keine Inkassovollmacht, sind diese durch eine Bürgschaft oder Versicherung oder Bürgschaftsversicherung nach den Bestimmungen über die Sicherheitsleistungen abzusichern.
- Werden keine Kundengelder zur Erfüllung des Auftrages entgegengenommen, sind die Bestimmungen über die Sicherheitsleitung nicht zu beachten.
- Die jeweils mit der Leitung des Betriebes oder einer Zweigniederlassung beauftragten Personen sind der Behörde unverzüglich anzuzeigen.
- Von der Annahme des Auftrages bzw. Aufnahme der Vertragsverhandlungen an sind die buchführungspflichtigen Aufzeichnungen vorzunehmen sowie Belege und Unterlagen hierüber zu sammeln.
- Dem Auftraggeber sind nach Annahme des Auftrages bzw. nach Aufnahme der Vertragsverhandlungen die vorgeschriebenen Angaben in Textform und in deutscher Sprache mitzuteilen.
- Aufzeichnungspflichtige Vorgänge sind fünf Jahre in den Geschäftsräumen aufzubewahren.
- Aus besonderem Anlass kann die Behörde eine außerordentliche Prüfung durch einen von ihr zu bestimmenden geeigneten Prüfer durchführen lassen.

IX. Vorschriften des Wohnungsvermittlungsgesetz (WoVG)

1. Anwendungsbereich

Wenn Immobilienmakler den Abschluss von Mietverträgen über Wohnräume vermitteln oder die Gelegenheit zum Abschluss von Mietverträgen über Wohnräume nachweisen, sind die Vorschriften des Wohnungsvermittlungsgesetzes einschlägig.

Zu Wohnräumen gehören auch solche Geschäftsräume, die wegen ihres räumlichen oder wirtschaftlichen Zusammenhangs mit Wohnräumen mit diesen zusammen vermietet werden.

Die Vorschriften dieses Gesetzes gelten nicht für die Vermittlung oder den Nachweis der Gelegenheit zum Abschluss von Mietverträgen über Wohnräume im Fremdenverkehr.

Hinweis

Zu beachten ist, dass die Bestimmungen des Gesetzes auch im Falle einer nicht gewerbsmäßigen Wohnungsvermittlung gelten. Demzufolge unterliegt bereits die einmalige Vermittlung einer Wohnung den Bestimmungen dieses Gesetzes. Von der Einhaltung folgender Vorschriften ist der nicht gewerbsmäßige Wohnungsvermittler dabei befreit:

- Die Angabe des ihm zustehenden Entgelts in einem Bruchteil oder Vielfachen der Monatsmiete.
- Einen Auftrag des Vermieters oder eines anderen Berechtigten einzuholen.
- Die Angabe seines Namens und Bezeichnung als Wohnungsvermittler sowie des Mietpreises und den Hinweis auf Vergütung von Nebenleistungen in Werbemaßnahmen.

Beispiel: Der ausziehende Mieter einer Wohnung wird vom Wohnungseigentümer beauftragt, diese gegen Zahlung einer Provision an einen Nachmieter zu vermitteln. Der als Vermittler tätige Mieter ist kein gewerblicher Makler, benötigt demzufolge auch keine Erlaubnis nach § 34c Gewerbeordnung, ist aber dennoch an die Einhaltung der Vorschriften des Wohnungsvermittlungsgesetzes, insbesondere der Provisionshöhe, der Annahme von Vorschüssen usw., mit Ausnahme der oben angeführten Bestimmungen, gebunden.

Mietverträge über Wohnräume

Da sich dieses Gesetz nur auf Mietverträge über Wohnräume (d. h. Wohnungen oder Einzelräume, möbliert oder unmöbliert) bezieht, ist es nicht auf den Immobilienverkauf, die Grundstücksvermietung und -verpachtung sowie die Gewerberaumvermietung anzuwenden.

Räumlicher oder wirtschaftlicher Zusammenhang

Entscheidend ist, ob bezüglich des Mietwerts der Räume der Schwerpunkt bei den Wohn- oder Geschäftsräumen liegt. Das Flächenmaß der Räume ist hier nur von untergeordneter Bedeutung.

Kein Zusammenhang liegt vor, wenn bei Geschäftsräumen lediglich ein anschließender Aufenthaltsraum oder ein Raum mit einer Schlafstelle mitvermietet wird.

Wohnräume im Fremdenverkehr

Dies sind Betriebe des Beherbergungsgewerbes sowie sonstige Unterkunftsstätten im Fremdenverkehr, in denen zum vorübergehenden Aufenthalt gegen Entgelt Personen Unterkunft gewährt wird.

2. Anspruchsvoraussetzungen, Ausnahmen, Vorschüsse

Wohnungsvermittlern steht ein Anspruch auf Entgelt für die Vermittlung oder den Nachweis der Gelegenheit zum Abschluss von Mietverträgen über Wohnräume nur zu, wenn infolge ihrer Vermittlung oder infolge ihres Nachweises ein Mietvertrag zustande kommt. Der Vermittlungsauftrag bedarf der Textform.

Der Wohnungsvermittler darf vom Wohnungssuchenden für die Vermittlung oder den Nachweis der Gelegenheit zum Abschluss von Mietverträgen über Wohnräume kein Entgelt fordern, sich versprechen lassen oder annehmen, es sei denn, der Wohnungsvermittler holt ausschließlich wegen des Vermittlungsvertrages mit dem Wohnungssuchenden vom Vermieter oder von einem anderen Berechtigten den Auftrag ein, die Wohnung anzubieten.

Kein Anspruch steht Wohnungsvermittlern zu, wenn

a. durch den Mietvertrag ein Mietverhältnis über dieselben Wohnräume fortgesetzt, verlängert oder erneuert wird,

> **Hinweis**
>
> Erfasst sind hier Fälle, in denen z. B. durch Ablauf eines zeitlich begrenzten Mietvertrages das Mietverhältnis mit demselben Mieter fortgesetzt wird. Auch der Eintritt von Familienangehörigen des Mieters in den Mietvertrag löst keinen Provisionsanspruch aus. Ebenso wenig die Einlösung eines vereinbarten Optionsrechts, das den Mieter im Anschluss an einen vom Makler vermittelten Mietvertrag berechtigt, das Mietverhältnis zu verlängern.

b. der Mietvertrag über Wohnräume abgeschlossen wird, deren Eigentümer, Verwalter, Mieter oder Vermieter der Wohnungsvermittler ist,

Hinweis

Neben den Eigentümern sind auch die Hausverwalter vom Provisionsverbot erfasst, soweit es sich um den von ihnen verwalteten Wohnraum handelt. Das Provisionsverbot trifft auch Hauptmieter, soweit sie Wohnräume untervermieten.

Auch ein Mieter, der zwischen dem Vermieter und dem Nachfolgemieter vermittelt, hat keinen Anspruch auf Maklerprovision.

Nicht erfasst vom Provisionsverbot ist die Vermittlung von Wohnungen durch den Ehegatten. Der Ausschluss einer Maklerprovision kann nicht allein daraus hergeleitet werden, dass der Makler mit dem Eigentümer, Verwalter oder Vermieter der vermittelten Wohnung verheiratet ist. Nach der Rechtsprechung des Bundesverfassungsgerichts würde dies nämlich einen Verstoß gegen das Verbot der Benachteiligung von Verheirateten bedeuten. Eine Ausnahme wäre lediglich dann gegeben, wenn eine wirtschaftliche Beteiligung eines Ehegatten vorliegt oder der als Vermittler tätige Ehegatte lediglich als Strohmann, zur Verschleierung der tatsächlichen Verhältnisse, anzusehen ist. Eine solche wirtschaftliche Beteiligung kann etwa dann angenommen werden, wenn ein Ehepartner fast ausschließlich Wohnungen vermittelt, die dem anderen Ehepartner gehören. Von einer wirtschaftlichen Beteiligung kann auch ausgegangen werden, wenn einem Ehepartner die Maklerfirma, dem anderen die Verwalterfirma gehört und beide in denselben Geschäftsräumen arbeiten. Wegen der hier anzunehmenden wirtschaftlichen Verflechtung und der dadurch bestehenden Gefahr einer Interessenkollision darf in solchen Fällen keine Vermittlungsprovision gefordert werden.

Nicht erfasst sind zudem Verwalter im Sinne des Wohnungseigentumsgesetzes, es sei denn, ihnen wäre zusätzlich zur Verwaltung des Gemeinschaftseigentums auch die Verwaltung des Sondereigentums (einschließlich der Vermittlung der Wohnung) übertragen worden.

c. der Mietvertrag über Wohnräume abgeschlossen wird, deren Eigentümer, Verwaltung oder Vermieter eine juristische Person ist, an der der Wohnungsvermittler rechtlich oder wirtschaftlich beteiligt ist. Das Gleiche gilt, wenn eine natürliche oder juristische Person Eigentümer, Verwalter oder Vermieter von Wohnräumen ist und ihrerseits an einer juristischen Person, die sich als Wohnungsvermittler betätigt, rechtlich oder wirtschaftlich beteiligt ist.

Hinweis

Um eine Umgehung des unter b aufgeführten Provisionsverbotes durch Übertragung der Nachweis- bzw. Vermittlungstätigkeit auf juristische Personen zu verhindern, wurde mit dieser Vorschrift klargestellt, dass das Provisionsverbot auch für natürliche und juristische Personen gilt. Da Personengesellschaften als Mehrheiten von natürlichen Personen anzusehen sind, die den juristischen Personen nach dieser Vorschrift gleichgestellt worden sind, ist auch für Personengesellschaften ein Provisionsanspruch zu verneinen, soweit sie im Sinne dieser Vorschrift tätig werden.

Auch Hausverwalter, die Wohnungen aus ihrem Wohnungsbestand im Wege des Gemeinschaftsgeschäfts einem Makler zur Vermietung anbieten, fallen nach dieser Bestimmung unter das Provisionsverbot, da nach der Rechtsprechung hier eine Gesellschaft des bürgerlichen Rechts vorliegt. Die Provisionsteilung wäre in diesem Fall rechtswidrig.

d. der Mietvertrag über öffentlich geförderte Wohnungen, Wohnräume oder über sonstige preisgebundene Wohnungen abgeschlossen wird, die nach dem 20. Juni 1948 bezugsfertig geworden sind oder bezugsfertig werden. Dies gilt auch für die nach §§ 88d und 88e des Zweiten Wohnungsbaugesetzes geförderten Wohnungen, solange das Belegungsrecht besteht.

Hinweis

Eine öffentliche Förderung besteht dann, wenn Wohnungen oder Wohnraum nach den Bestimmungen des Ersten oder Zweiten Wohnbaugesetzes gefördert werden (z. B. Sozialwohnungen des öffentlich geförderten Wohnungsbaus). Keine öffentliche Förderung liegt bei steuerbegünstigten Wohnungen vor, bei denen keine öffentlichen Mittel oder sonstige Förderungsmaßnahmen, außer Steuervergünstigungen z. B. nach § 7c Einkommensteuergesetz, in Anspruch genommen worden sind.

Preisgebundene Wohnungen sind etwa Bundes- und Landesbedienstetenwohnungen, Wohnungen der gemeinnützigen Wohnungsunternehmen sowie die mit Wohnungsmitteln oder Annuitätszuschüssen geförderten Wohnräume für Angehörige des öffentlichen Dienstes. Das Provisionsverbot gilt hier ausdrücklich nur gegenüber dem Wohnungsuchenden (Mieter).

Zustandekommen des Provisionsanspruchs

Ein Provisionsanspruch steht dem Wohnungsvermittler nur zu, wenn infolge seiner Vermittlung oder infolge seines Nachweises ein rechtsverbindlicher Mietvertrag zustande gekommen ist.

Vermitteln

Dies bedeutet ein Verhandeln mit dem (zukünftigen) Vertragspartner des Auftraggebers (Vermieter oder Interessent) mit dem Ziel der Herbeiführung eines Vertragsabschlusses. Mit dem Auftraggeber ist ein weiteres Verhandeln als zur Begründung des Vermittlungsauftrages nicht erforderlich. Ein gleichzeitiges Verhandeln mit beiden Teilen oder ein Mitwirken beim Vertragsabschluss selbst ist ebenfalls nicht notwendig.

Nachweisen

Dies bedeutet, dem Auftraggeber einen bisher unbekannten Dritten zu benennen. Hierbei muss diese Person so hinreichend bestimmt sein, dass es dem Auftraggeber möglich ist, von sich aus Vertragsverhandlungen aufzunehmen. In der Regel sind hierbei Name und Anschrift ausreichend.

Ursächlich

Ursächlichkeit liegt vor, wenn die Tätigkeit des Immobilienvermittlers ausschlaggebend für das Zustandekommen des Vertragsabschlusses war. Diese Tätigkeit muss jedoch nicht die alleinige oder hauptsächliche Ursache für den Vertragsabschluss sein. Eine Mitverursachung ist hier ausreichend.

Rechtsverbindlicher Mietvertrag

Mietverträge können grundsätzlich mündlich geschlossen werden. Wegen der Beweismöglichkeiten über die getroffenen Verabredungen empfiehlt sich dennoch die Schriftform.

Nur bei einer befristeten Laufzeit von mehr als einem Jahr bedarf der Vertragsabschluss der Schriftform. Wird diese Form nicht beachtet, so wird der Vertrag dennoch wirksam geschlossen – und zwar für unbestimmte Zeit.

Vorschüsse

Vorschüsse dürfen nicht gefordert, vereinbart oder angenommen werden. Abweichende Vereinbarungen sind unwirksam. Dieses Verbot bezieht sich auch auf die Fälle, in denen die Provisionsforderung rechtens ist und z. B. der Vorschuss auf die zu zahlende Provision angerechnet wird.

Textform

Der Begriff der Textform muss drei Anforderungen erfüllen:

- eine lesbare Erklärung
- in der die Person des Erklärenden genannt ist
- und die in einer Urkunde oder auf eine andere dauerhafte Wiedergabe in Schriftzeichen geeignete Weise (dauerhafter Datenträger) dargelegt ist.

Lesbare Erklärung

Lesbar ist eine Erklärung nicht nur, wenn der Empfänger diese auf dem dauerhaften Datenträger unmittelbar lesen kann, sondern auch dann, wenn zum Öffnen des elektronischen Dokuments ein spezielles Anzeigeprogramm, wie etwa Adobe Reader, erforderlich ist.

Person des Erklärenden

Dabei gilt es, diejenige Person kenntlich zu machen, welche die Erklärung in eigener Verantwortung abgibt. Ist Erklärender eine juristische Person oder eine Handelsgesellschaft, müssen alle vertretungsberechtigten Personen erkennbar sein, bei einer GmbH also etwa der Geschäftsführer oder andere Vertreter. Grundsätzlich genügt es dabei, dass sich die Person des Erklärenden aus dem Text ergibt.

Dauerhafter Datenträger

Ein dauerhafter Datenträger ist dabei jedes Medium, das es dem Empfänger ermöglicht, eine an ihn gerichtete Erklärung so aufzubewahren oder zu speichern, dass sie ihm während eines für ihren Zweck angemessenen Zeitraums (also etwa der Dauer des Rechtsgeschäfts) zugänglich und geeignet ist, die Erklärung unverändert wiederzugeben.

Als dauerhafte Datenträger anzusehen sind Ausdrucke auf Papier, wie Faxe oder Fotokopien (Urkunde), aber auch Vorrichtungen zur Speicherung digitaler Daten, wie USB-Stick, Disketten, CD-ROM und Festplatte. Auch E-Mails, Computerfaxe, E-Post-Brief oder Mitteilungen über mobile Anwendungsprogramme zur Nachrichtenübermittlung (App) wie zum Beispiel WhatsApp Messenger, erfüllen die Voraussetzungen.

Nicht ausreichend ist, wenn die Erklärung lediglich auf der Internetseite des Erklärenden zur Verfügung gestellt wird, da der Empfänger diese weder aufbewahren noch speichern kann und auch nicht gewährleistet ist, dass diese für einen bestimmten Zeitraum unverändert zugänglich ist.

Unterschrift bei Textform

Anders als bei der Schriftform ist bei der Textform eine eigenhändige Unterschrift unter die Erklärung nicht erforderlich. Allerdings ist der Text an seinem Abschluss deutlich zu kennzeichnen, was etwa durch einen Hinweis wie „Diese Erklärung ist nicht unterschrieben“ geschehen kann. Auch ein Faksimilestempel, eine eingescannte Unterschrift, eine Ortsangabe oder Datierung oder eine abschließende Grußformel wie „Mit freundlichen Grüßen“ reichen aus. Weitere Angaben dürfen nach diesem abschließenden Hinweis nicht mehr gemacht werden.

Verstoß gegen Textform

Wird das Erfordernis der Textform nicht eingehalten, ist das Rechtsgeschäft nichtig. Nur in ganz besonderen Ausnahmefällen besteht die Möglichkeit, einen solchen Formfehler über den Grundsatz von Treu und Glauben zu heilen. Dies könnte etwa der Fall sein, wenn ein widersprüchliches Verhalten des Empfängers vorliegt und der Erklärende Grund dazu hatte, auf die Gültigkeit der Erklärung trotz des Formmangels zu vertrauen. Ein Ausnahmetatbestand könnte auch vorliegen, wenn der Verstoß erst nach Ablauf eines längeren Zeitraumes gerügt und dadurch ein Vertrauenstatbestand erzeugt wurde, dass dieser Mangel nicht mehr geltend gemacht wird. In der Praxis wird sich die Berufung auf die Gültigkeit des Rechtsgeschäfts über den Grundsatz von Treu und Glauben trotz Formfehlers jedoch als recht schwierig erweisen.

Ausschluss des Wohnungssuchenden von der Provisionszahlungsverpflichtung (Bestellerprinzip)

Durch das sogenannte Bestellerprinzip wird ausgedrückt, dass vom Wohnungssuchenden, also dem Mieter, bei der Vermittlung von Wohnraum keine Vermittlungsprovision verlangt werden darf, von engen Ausnahmen abgesehen.

Der Makler darf vom Mieter nur dann Provision verlangen, wenn er ausschließlich wegen des Vermittlungsvertrages mit dem Mieter vom Vermieter oder von einem anderen Berechtigten den Auftrag einholt, die Wohnung anzubieten. Hierbei darf es sich nicht um eine Wohnung handeln, die sich bereits im Bestand oder der Datenbank des Maklers befand oder bereits anderwärts, etwa im Internet oder einer Zeitung, angeboten wurde.

Schlägt der Mieter die ihm angebotene Wohnung aus, darf der Immobilienvermittler diese nicht mehr provisionspflichtig anderen Mietinteressenten anbieten, da diese bereits am Markt offeriert wurde.

Unter Wohnraum versteht man dabei Wohnungen oder Einzelräume, möbliert oder unmöbliert, auch Häuser zur Miete. Auch Geschäftsräume, die wegen ihres räumlichen oder wirtschaftlichen Zusammenhangs mit Wohnraum zusammen vermietet werden, zählen hierzu.

Die Vermittlungsprovision kann zwischen dem Makler und dem Vermieter als Auftraggeber frei vereinbart werden, wird sich in aller Regel aber an der Größe von zwei Monatsmieten orientieren.

Bei Mietern als Auftraggeber ist der Makler an die Provisionshöhe von maximal zwei Monatskaltmieten zuzüglich Mehrwertsteuer gebunden.

Doppeltätigkeit des Maklers für Vermieter und Mieter zugleich ist ausgeschlossen.

Beispiel für eine berechtigte Provision vom Mieter:

Ein Wohnungssuchender beauftragt schriftlich oder in Textform einen Makler, für ihn eine seinen Wünschen entsprechende, geeignete Wohnung zu suchen. Der Makler wendet sich an einen Vermieter, der genau eine solche Wohnung hat und die noch nirgends angeboten wurde, mit der Bitte, diese seinem Kunden anbieten zu dürfen. Der Vermieter stimmt unter der ausdrücklichen Bedingung zu, dass diese Wohnung nur diesem Mieter und nicht anderweitig angeboten werden darf.

Daraufhin kommt es zum Abschluss eines Mietvertrages.

Bei dieser nicht gerade alltäglichen Fallkonstruktion kann der Makler nunmehr vom Wohnungsuchenden die vereinbarte Vermittlungsprovision verlangen. Vom Vermieter darf keine Vermittlungsprovision verlangt werden, da alleiniger Auftraggeber der Wohnungssuchende war und eine Doppeltätigkeit des Maklers in einem solchen Fall ausgeschlossen ist.

Tipps zur praktischen Durchführung

Beauftragen Wohnungssuchende den Makler für diese eine Wohnung zu suchen, empfiehlt sich die Verwendung eines Suchauftragsformular für die Vermittlung einer Mietwohnung, wie auf Seite 88 abgedruckt.

Hinweis

Das Bestellerprinzip findet keine Anwendung nach dem Wohnungsvermittlungsgesetz auf die Vermittlung oder den Nachweis der Gelegenheit zum Abschluss von Verträgen über den Verkauf, Belastung und Verpachtung von Grundstücks- und Wohnungseigentum, bei grundstücksgleichen Rechten, die den Vorschriften über Grundstücke unterliegen, wie z. B. Erbbaurechte sowie dem Immobilien-Leasing. Auch für Wohnraum im Fremdenverkehr, sowie sonstige Unterkunftsstätten im Fremdenverkehr, in denen zum vorübergehenden Aufenthalt gegen Entgelt Personen Unterkunft gewährt wird, findet das Bestellerprinzip keine Anwendung.

Für die Vermittlung von Kaufverträgen über Wohnungen und Einfamilienhäuser an natürliche Personen existieren aber ähnliche gesetzliche Beschränkungen hinsichtlich der Maklerprovision. Siehe hierzu die Ausführungen unter Abschnitt IX. Maklerprovision.

Entgelt

Die Höhe der Maklerprovision darf maximal zwei Monatskaltmieten zuzüglich gesetzlicher Mehrwertsteuer nicht übersteigen. Der Provisionsanspruch entsteht erst bei erfolgreicher Tätigkeit, also nach Abschluss des Mietvertrages.

Für die Wirksamkeit des Vermittlungsauftrages ist zudem Textform vorgeschrieben.

Verbot abweichender Vereinbarungen

Abweichende Vereinbarungen von den Regelungen des Wohnungsvermittlungsgesetzes sind unwirksam. Dies gilt insbesondere auch für Vereinbarungen, in denen der Wohnungssuchende verpflichtet werden soll, ein dem Vermieter oder Dritten geschuldetes Vermittlungsentgelt zu bezahlen. Darunterfallen aber auch Umgehungsgeschäfte, bei denen die Vermietung der Wohnung an den gleichzeitigen Verkauf von überteuertem oder gar wertlosem Inventar geknüpft wird.

Verstöße gegen das Bestellerprinzip

Verstöße können als Ordnungswidrigkeit mit einer Geldbuße bis zu 25.000 € geahndet werden.

3. Entgelt

Das dem Wohnungsvermittler für die Vermittlungs- oder Nachweistätigkeit zustehende Entgelt ist in einem Bruchteil oder Vielfachen der Monatsmiete anzugeben.

Die Höhe des Entgelts darf zwei Monatsmieten zuzüglich der gesetzlichen Umsatzsteuer nicht übersteigen. Dies gilt auch im Falle einer Vereinbarung, durch die der Wohnungsuchende verpflichtet wird, ein vom Vermieter geschuldetes Vermittlungsentgelt zu bezahlen. Nebenkosten, über die gesondert abzurechnen ist, bleiben bei der Berechnung der Monatsmiete unberücksichtigt.

Außer dem Entgelt dürfen für Tätigkeiten, die mit der Vermittlung oder dem Nachweis der Gelegenheit zum Abschluss von Mietverträgen über Wohnräume zusammenhängen, sowie für etwaige Nebenleistungen keine Vergütungen irgendwelcher Art, insbesondere keine Einschreibegebühren, Schreibgebühren oder Auslagenerstattungen vereinbart oder angenommen werden, ausgenommen die nachgewiesenen Auslagen übersteigen eine Monatsmiete.

> **Hinweis**
>
> Es kann jedoch vereinbart werden, dass bei Nichtzustandekommen eines Mietvertrags die in Erfüllung des Auftrags nachweisbar entstandenen Auslagen zu erstatten sind.

Vereinbarungen, durch die der Auftraggeber sich im Zusammenhang mit dem Auftrag verpflichtet, Waren zu beziehen oder Dienst- oder Werkleistungen in Anspruch zu nehmen, sind unwirksam. Ausgenommen ist der Fall, wenn die Verpflichtung die Übernahme von Einrichtungs- oder Ausstattungsgegenständen des bisherigen Inhabers der Wohnräume zum Gegenstand hat.

Monatsmiete

Hier ist von der Grundmiete, einschließlich aller Betriebskosten, die in der Grundmiete eingeschlossen oder pauschaliert zusätzlich zur Grundmiete gezahlt werden, auszugehen. Nicht zur Monatsmiete zählen die umlagefähigen Betriebskostenvorauszahlungen, die der Vermieter gesondert abzurechnen hat. Dies können etwa die Kosten für Gas- oder Warmwasserversorgung sein. Die nicht umlagefähigen Betriebskosten fallen nicht unter die Grundmiete. Im anzugebenden Entgelt muss die Mehrwertsteuer enthalten sein.

Beispiel: Der Grundmiete einer Wohnung beträgt 800 €, zzgl. 190 € Nebenkosten, monatlich. Im Maklervertrag wurde eine Provision von zwei Monatsmieten zuzüglich gesetzlicher Mehrwertsteuer vereinbart.

Der Provisionsanspruch beträgt somit maximal 1.600 €, zzgl. 19 % Mehrwertsteuer, insgesamt also 1.904 €. Die 190 € Nebenkosten bleiben bei der Provisionsberechnung unberücksichtigt.

Pauschalen oder Festpreis

Da das Entgelt für die Wohnungsvermittlung in einem Bruchteil oder Vielfachen der Monatsmiete anzugeben ist, sind Pauschalen oder Festpreise nicht zulässig.

> **Hinweis**
>
> Nicht gewerbsmäßige Wohnungsvermittler sind von der Verpflichtung, das für die Vermittlungs- und Nachweistätigkeit geforderte Entgelt in einem Bruchteil oder Vielfachen der Monatsmiete anzugeben, befreit.

Höhe des Entgelts

Die Provision des Maklers für dessen Vermittlungs- oder Nachweistätigkeit darf zwei Monatskaltmieten, zuzüglich der gesetzlichen Umsatzsteuer, nicht überschreiten. Bei entsprechender Vereinbarung zwischen den Vertragsparteien kann auch eine geringere Provision vereinbart werden, wobei allerdings wiederum zu beachten ist, dass diese in einem Bruchteil oder Vielfachen der Monatsmiete anzugeben ist.

Verbot der Gebührenforderung für Nebenleistungen

Die Aufzählung der Einschreibgebühr, Schreibgebühr und Auslagenerstattung ist nur beispielhaft. Gemeint ist hier die Vergütung von Nebenleistungen jeglicher Art.

Ausnahmen vom Verbot der Gebührenforderungen für Nebenleistungen

Vom Verbot der Auslagenerstattung gelten zwei Ausnahmen: Ist ein Mietvertrag zustande gekommen, darf der Teil der nachgewiesenen Auslagen, der eine Monatsmiete übersteigt, angenommen werden, wenn dies vorher vereinbart wurde.

Ist ein Mietvertrag nicht zustande gekommen, darf der Ersatz aller nachweisbar entstandenen Auslagen (wie Inseratkosten, Gebühren für Telefonate oder Fahrtkosten, nicht jedoch allgemeine Geschäftsunkosten) angenommen werden, wenn dies vorher vereinbart wurde.

Diese Ausnahmeregelungen beziehen sich sowohl auf Vereinbarungen mit dem Vermieter als auch dem Mietinteressenten.

Verbot von Koppelungsgeschäften

Unter Koppelungsgeschäften versteht man, wenn ein Vertrag an eine bestimmte, in der Regel unerwünschte, Zusatzleistung oder Bedingung geknüpft ist, die in keinerlei Zusammenhang mit dem eigentlichen Vertragsgegenstand steht.

Koppelungsgeschäfte sind nach dem Gesetz gegen Wettbewerbsbeschränkungen (GWB) sowie den Vertrag über die Arbeitsweise der Europäischen Union (AEUV) in Zusammenhang mit der Wohnungsvermittlung generell verboten.

> *Beispiel: Der Hauseigentümer ist Inhaber eines Einrichtungshauses und verlangt vom Mieter, dass dieser alle Einrichtungsgegenstände bei ihm kaufen muss.*

Bei Vorliegen eines Koppelungsgeschäftes wird der Wohnungsvermittlungsauftrag jedoch nicht unwirksam, d.h., der Wohnungssuchende kann sich zwar die Wohnung vermitteln lassen, braucht das Koppelungsgeschäft jedoch nicht zu erfüllen.

4. Vereinbarung bei Nichterfüllung vertraglicher Verpflichtungen

Zwischen dem Wohnungsvermittler und dem Auftraggeber kann vereinbart werden, dass bei Nichterfüllung von vertraglichen Verpflichtungen eine

Vertragsstrafe zu zahlen ist, die 10 % des vereinbarten Entgelts, höchstens jedoch 25,– Euro nicht übersteigen darf.

Auftraggeber

Auftraggeber kann auch hier sowohl der Mietinteressent als auch der Vermieter sein. Die vereinbarte Vertragsstrafe darf jedoch nicht höher als 25,– Euro sein.

5. Abstands- und Ablösezahlungen

Vereinbarungen, die den Wohnungssuchenden oder für ihn einen Dritten verpflichten, ein Entgelt dafür zu leisten, dass der bisherige Mieter die gemieteten Wohnräume räumt (Abstandsvereinbarung), sind unwirksam. Ausgenommen hiervon sind lediglich die Erstattung von Kosten, die dem bisherigen Mieter nachweislich für den Umzug entstehen.

Verpflichtet sich der Wohnungssuchende im Zusammenhang mit dem Abschluss eines Mietvertrages über Wohnräume vertraglich von dem Vermieter oder dem bisherigen Mieter eine Einrichtung oder ein Inventarstück zu erwerben (Ablösevereinbarung), ist dieser Vertrag im Zweifel unter der aufschiebenden Bedingung geschlossen, dass auch der dazugehörige Mietvertrag zustande kommt. Die Vereinbarung über das Entgelt ist unwirksam, wenn dessen Höhe in einem auffälligen Missverhältnis zum Wert der Einrichtung oder des Inventarstücks steht.

Abstandsvereinbarung

Unter Abstandsvereinbarung versteht man eine Zahlung, die ausschließlich als Gegenleistung für die Besitzaufgabe der gemieteten Wohnräume gedacht ist. Dabei ist es gleichgültig, ob eine solche Vereinbarung mit dem bisherigen Mieter, dem Vermieter oder einem sonstigen Dritten getroffen wird und an wen eine solche Zahlung erfolgen müsste. Sobald der Wohnungssuchende alleine für das Recht zur Besitzaufgabe an der gemieteten Wohnung ein Entgelt bezahlen müsste, ist diese Vereinbarung unwirksam. Damit soll verhindert werden, dass der bisherige Mieter einer Mietwohnung allein durch den Auszug aus dieser Wohnung ein Geschäft macht.

Entgelt

Der Begriff des Entgelts ist dabei sehr weit gefasst. Er umfasst somit vermögenswerte Leistungen aller Art, also z. B. auch die Übernahme bestehender Mietschulden.

Hinweis

Eine Vereinbarung über die Erstattung von Kosten, die dem bisherigen Mieter nachweislich für den Umzug entstehen, ist zulässig. Hierunter sind sowohl die Kosten für den Transport der Möbel und sonstigen Einrichtungsgegenstände als auch alle weiteren umzugsbedingten Aufwendungen wie etwa Renovierungskosten für die Instandsetzung der alten oder neuen Wohnung des bisherigen Mieters zu verstehen.

Ablösevereinbarung

Hierunter sind Kaufverträge zwischen dem Vermieter oder Vormieter einerseits und dem Wohnungssuchenden andererseits über Einrichtungsgegenstände oder Inventarstücke zu verstehen. Da solche Vereinbarungen für den Wohnungssuchenden nur dann einen Sinn haben, wenn er die Wohnung auch tatsächlich erhält, sind sie im Zweifel nur unter der aufschiebenden Bedingung gültig, dass auch der Mietvertrag zustande kommt.

Hinweis

Abweichende Vereinbarungen von dieser Vorschrift können im gegenseitigen Einvernehmen getroffen werden.

Unwirksamkeit der Vereinbarung

Steht der Kaufpreis der Einrichtung oder Inventarstücke in einem auffälligen Missverhältnis zu dessen Wert, ist die Vereinbarung unwirksam. Damit soll verhindert werden, dass die Ablösevereinbarung in Wirklichkeit eine versteckte Abstandszahlung enthält.

Auffälliges Missverhältnis

Ein auffälliges Missverhältnis ist immer dann anzunehmen, wenn der Kaufpreis den Verkehrswert des Gegenstandes um etwa 50 % überschreitet.

6. Rückforderung zu Unrecht gezahlter Entgelte

Erhält der Wohnungsvermittler ein ihm nach diesem Gesetz nicht zustehendes Entgelt, eine Vergütung anderer Art, eine Auslagenerstattung, einen Vorschuss oder eine Vertragsstrafe, die den unter Nummer 4 genannten Satz von 10 % des vereinbarten Entgelts, höchstens jedoch 25,– Euro übersteigt, kann die Leistung nach den allgemeinen Vorschriften des bürgerlichen Rechts zurückgefordert werden; die Vorschrift des § 817 Satz 2 des BGB ist nicht anzuwenden.

Dieses Rückforderungsrecht gilt entsprechend, wenn der Wohnungssuchende verpflichtet wird, ein vom Vermieter oder einem Dritten geschuldetes Vermittlungsentgelt zu zahlen. Es gilt auch für den Fall, dass der Wohnungssuchende oder für ihn ein Dritter verpflichtet wird, ein Entgelt zu leisten, dass der bisherige Mieter die gemieteten Wohnräume räumt. Die Erstattung von nachgewiesen Umzugskosten an den bisherigen Mieter ist hiervon ausgenommen.

Grundlagen der Rückforderung

Grundlage der Rückforderung sind die Bestimmungen des Bürgerlichen Gesetzbuches über die ungerechtfertigte Bereicherung (§§ 812 ff. BGB). Nach dem Grundsatz des § 812 BGB ist derjenige, der durch die Leistung eines anderen oder in sonstiger Weise auf dessen Kosten etwas ohne rechtlichen Grund erlangt, diesem zur Herausgabe verpflichtet. Diese Verpflichtung besteht auch dann, wenn der rechtliche Grund später wegfällt oder der mit einer Leistung nach dem Inhalt des Rechtsgeschäfts bezweckte Erfolg nicht eintritt.

Da die Anwendung des § 817 Satz 2 BGB ausdrücklich ausgeschlossen worden ist, kann das Entgelt auch dann zurückgefordert werden, wenn sich der Fordernde selbst rechtswidrig verhalten hat.

Verjährungsfrist

Die Verjährungsfrist beträgt drei Jahre. Sie beginnt mit dem Schluss des Jahres, in dem der Anspruch entstanden ist.

7. Vermittlungsauftrag, Werbung

Der Wohnungsvermittler darf Wohnraum nur anbieten, wenn er dazu einen Auftrag von dem Vermieter oder einem anderen Berechtigten hat.

Er darf öffentlich, insbesondere in Zeitungsanzeigen, auf Aushängetafeln und dergleichen, nur unter Angabe seines Namens und der Bezeichnung als Wohnungsvermittler Wohnräume anbieten oder suchen; bietet er Wohnräume an, so hat er auch den Mietpreis der Wohnräume anzugeben und darauf hinzuweisen, ob Nebenleistungen besonders zu vergüten sind.

Vermieter oder anderer Berechtigter

Mit Vermieter ist in der Regel der Eigentümer gemeint. Es kann allerdings auch ein Hauptmieter sein, der seine Wohnräume untervermieten will. Berechtigter ist ansonsten jeder, der vom Vermieter die Zustimmung zur Einteilung des Vermittlungsauftrages erhalten hat. Die Beauftragung kann mündlich, schriftlich oder in schlüssiger Weise erfolgen.

Angabe seines Namens

Hier reicht die Angabe des Zunamens aus. Bei im Handelsregister eingetragenen Firmen ist der Firmenname anzugeben.

Bezeichnung als Wohnungsvermittler

Zulässig sind auch gleichgestellte Berufsbezeichnungen, wie etwa „Immobilien", „Makler" usw., soweit daraus für jedermann erkennbar ist, dass das Inserat von einem gewerbsmäßigen Wohnungsvermittler aufgegeben wurde. Gebräuchliche Abkürzungen wie „Imm.", oder „Immob." sind zulässig. Unzulässig wären Abkürzungen wie „Im.", „Imb." oder „Immo." für Immobilien. Die Werbung unter Kennziffern (Chiffre) oder nur die Angabe der Telefonnummer ist ebenfalls nicht zulässig. Von der alleinigen Angabe von Verbandsbezeichnungen wie etwa „IVD" oder dem IVD-Logo ist abzuraten. Zwar sind Entscheidungen von Amtsgerichten bekannt, die von Verwaltungsbehörden eingeleitete Bußgeldverfahren gegen diese Werbung eingestellt haben; letztinstanzliche Urteile, die eine endgültige Entscheidung herbeiführen könnten, stehen jedoch noch aus. Gegen eine zusätzliche Angabe von Verbandsbezeichnungen bestehen in keinem Fall Bedenken.

Angabe des Mietpreises und Hinweis auf Nebenleistungen

Kann der Mietpreis nicht genannt werden, muss auf eine öffentliche Anzeige verzichtet werden. Nebenleistungen sind z. B. Nebenkosten, Kaution, Ablöse. Die Höhe der Nebenleistungen muss jedoch nicht angegeben werden.

Wichtig ist auch, dass ein Anbieten im Sinne des Wohnungsvermittlungsgesetzes bereits dann vorliegt, wenn ein Makler öffentlich anzeigt, dass er Wohnungen zu vergeben hat. Der Angebotsbegriff im Sinne des Wohnungsvermittlungsgesetzes geht somit über den Angebotsbegriff nach der Preisangabenverordnung hinaus. Es ist deshalb bei der Wohnungsvermittlung grundsätzlich davon auszugehen, dass eine Pflicht zur Angabe des Mietpreises bereits dann besteht, wenn der Wohnungstyp oder die Wohnungsgröße und die Ortsangabe genannt sind. Die Angabe von „ab"-Preisen oder „von-bis"-Preisen ist bei der Werbung für die Vermietung von Wohnungen unzulässig.

Hinweis

Nicht gewerbsmäßige Wohnungsvermittler sind von den oben genannten Verpflichtungen befreit.

8. Ausnahmen bei nicht gewerbsmäßiger Tätigkeit

Nicht gewerbsmäßige Wohnungsvermittler sind von der Verpflichtung zur Angabe des Entgelts in einem Bruchteil oder Vielfachen der Monatsmiete befreit (Ziffer 3). Ebenso gilt Ziffer 7 nicht für sie, nämlich dass Wohnraum nur dann angeboten werden darf, wenn ein Auftrag des Vermieters oder anderen Berechtigten vorliegt sowie der Namen und die Bezeichnung als Wohnungsvermittler verwendet wird sowie die Angabe von Mietpreis und Vergütung von Nebenleistungen in öffentlichen Anzeigen erfolgt.

Nicht gewerbsmäßige Wohnungsvermittler

Dies sind Personen, die nur einmal eine Wohnung vermitteln und keinerlei Fortsetzungsabsicht haben.

Verstöße gegen die Bestimmungen des WoVG

Verstöße gegen die Bestimmungen des WoVG sind Ordnungswidrigkeiten, die mit Bußgeld belegt werden können.

Das Wichtigste in Kürze:

- Die Bestimmungen des Wohnungsvermittlungsgesetzes sind, mit Ausnahme hinsichtlich der Angabe des Entgelts sowie des Vermittlungsauftrags und Werbung, auch auf nicht gewerbsmäßige Wohnungsvermittler anzuwenden.
- Ein Provisionsanspruch entsteht nur bei Zustandekommen eines Mietvertrages.
- Der Vermittlungsauftrag bedarf der Textform.
- Nach dem Bestellerprinzip darf vom Wohnungssuchenden (Mieter) kein Entgelt gefordert, versprochen oder angenommen werden, ausgenommen, der Wohnungsvermittler holt ausschließlich wegen des Vermittlungsvertrages mit dem Wohnungssuchenden vom Vermieter oder von einem anderen Berechtigten den Auftrag ein, die Wohnung anzubieten.
- Wohnungssuchender ist der Mieter. Ist der Mieter Auftraggeber, kann eine Provision von ihm verlangt werden, wobei diese auf maximal 2 Monatskaltmieten zzgl. Mehrwertsteuer beschränkt ist.
- Ist Auftraggeber der Vermieter, gilt diese Beschränkung nicht, die Provisionshöhe kann frei vereinbart werden. Eine Doppeltätigkeit des Maklers ist in einem solchen Fall ausgeschlossen, d. h. die Provision kann nur vom Auftraggeber, also dem Vermieter gefordert werden.

- Ein Provisionsanspruch ist ausgeschlossen, wenn:
  - durch den Mietvertrag ein Mietverhältnis über dieselben Wohnräume fortgesetzt verlängert oder erneuert wird
  - der Mietvertrag über Wohnräume abgeschlossen wird, deren Eigentümer, Verwalter, Mieter oder Vermieter der Wohnungsvermittler ist
  - der Mietvertrag über Wohnräume abgeschlossen wird, deren Eigentümer, Verwalter oder Vermieter eine juristische Person ist, an der der Wohnungsvermittler rechtlich oder wirtschaftlich beteiligt ist
  - der Mietvertrag über öffentlich geförderte Wohnungen, Wohnräume oder über sonstige preisgebundene Wohnungen abgeschlossen wird, die nach dem 20. Juni 1948 bezugsfertig geworden sind oder bezugsfertig werden.
- Vorschüsse dürfen nicht gefordert, vereinbart oder angenommen werden. Abweichende Vereinbarungen sind unwirksam.
- Das dem Wohnungsvermittler zustehende Entgelt ist in einem Bruchteil oder Vielfachen der Monatsmiete anzugeben (nicht gewerbsmäßige Wohnungsvermittler sind von dieser Verpflichtung befreit).
- Die Höhe des Entgelts darf zwei Monatsmieten zuzüglich der gesetzlichen Umsatzsteuer nicht übersteigen.
- Außer dem Entgelt dürfen keinerlei Vergütungen irgendwelcher Art vereinbart oder angenommen werden, ausgenommen die nachgewiesenen Auslagen übersteigen eine Monatsmiete.
- Bei Nichtzustandekommen eines Mietvertrags kann vereinbart werden, sich die in Erfüllung des Auftrags nachweisbar entstanden Auslagen erstatten zu lassen.
- Koppelungsgeschäfte sind verboten.
- Abstandsvereinbarungen sind unwirksam, ausgenommen der nachweislich entstanden Umzugskosten.
- Ablösevereinbarungen werden nur nach Abschluss des Mietvertrages wirksam. Abweichende Vereinbarungen hiervon können im gegenseitigen Einvernehmen getroffen werden. Bei einem auffälligen Missverhältnis zum Wert der Einrichtung oder des Inventarstückes ist die Vereinbarung unwirksam.
- Zu Unrecht gezahlte Entgelte können zurückgefordert werden.
- Der Wohnungsvermittler darf Wohnraum nur anbieten, wenn er dazu einen Auftrag vom Vermieter oder einem anderen Berechtigten hat.
- Öffentliche Werbung ist nur unter Angabe des Namens und der Bezeichnung als Wohnungsvermittler zulässig. Der Mietpreis ist anzugeben sowie der Hinweis, ob Nebenleistungen besonders zu vergüten sind. (Nicht gewerbsmäßige Wohnungsvermittler sind von diesen Verpflichtungen befreit).

CertiFORM

Suchauftrag

Auftrag für die Vermittlung einer Mietwohnung nach § 2 Abs. 1a WoVermRG

Der/Die Wohnungs-vermittelnde wird hiermit von dem/der	
Wohnungssuchenden (Auftraggebende Person) (Vor- und Zuname, PLZ, Ort, Straße, Nr., Tel. priv./dienstl., E-Mail-Adresse)	
am (Datum)	

beauftragt, eine Wohnung oder anderen Wohnraum zum Zweck der Anmietung zu suchen.

Die Wohnung sollte folgende Suchkriterien (möglichst genau) erfüllen:

Lage (Ort/Stadtteil): ______

Wohnfläche (m²): ______

Gewünschter Einzugstermin: ______

Wohnungstyp: ______

Heizungsart: ______

Anzahl Zimmer: ______

Kaltmiete (von bis in €): ______

Balkon/Terrasse/Garten: ______

Baualter (Neubau etc.): ______

Einbauküche: ______

Ausschlusskriterien: ______

Sonstiges: ______

Provision/Auslagen:

Der/Die Wohnungsvermittelnde erhält vom/von der Wohnungssuchenden für die Vermittlung oder den Nachweis der Gelegenheit zum Abschluss von Mietverträgen über Wohnräume ein Entgelt in Höhe von zwei Monatsmieten zuzüglich gesetzlicher Umsatzsteuer in Höhe von ______ %, das entspricht ______ Monatsmieten inkl. MwSt., sofern der/die Wohnungsvermittelnde ausschließlich aufgrund dieses Suchauftrages (Vermittlungsvertrag) vom Vermietenden oder von einem/einer anderen Berechtigten den Auftrag eingeholt hat, die entsprechende Wohnung anzubieten.

Außer dem vorbezeichneten Entgelt werden keine Vergütungen irgendwelcher Art, insbesondere keine Einschreibgebühren, Schreibgebühren oder Auslagenerstattungen verlangt.

☐ Dies gilt nicht, soweit die nachgewiesenen Auslagen (Porto, Telefonkosten, Fahrtkosten, Kosten für Inserate etc.) eine Monatsmiete übersteigen. Darüber hinaus wird vereinbart, dass bei Nichtzustandekommen eines Mietsvertrages die in Erfüllung des Auftrages nachweisbar entstandenen Auslagen zu erstatten sind. Aufwendungspauschalen sind dabei in beiden Fällen unzulässig.

Anlagen:

☒ Widerrufsbelehrung
☐ Verbraucher*innenerläuterungen
☐ Vermietendenbestätigung
☐ Pflichtangaben nach Art. 13 EU-DSGVO

Seite 1 von 3

Muster für ein Suchauftragsformular für die Vermittlung einer Mietwohnung

Verbraucher*innenwiderrufsbelehrung

Widerrufsbelehrung

Widerrufsrecht

Sie haben das Recht, binnen vierzehn Tagen ohne Angabe von Gründen diesen Vertrag zu widerrufen.

Die Widerrufsfrist beträgt vierzehn Tage ab dem Tag des Vertragsabschlusses.
Um Ihr Widerrufsrecht auszuüben, müssen Sie uns

____

____

(fügen Sie Ihren Namen, Ihre Anschrift und, soweit verfügbar Ihre Telefonnummer, Telefaxnummer und E-Mail-Adresse ein) mittels einer eindeutigen Erklärung (z.B. ein mit der Post versandter Brief, Telefax oder E-Mail) über Ihren Entschluss, diesen Vertrag zu widerrufen, informieren. Sie können dafür das beigefügte Muster-Widerrufsformular verwenden, das jedoch nicht vorgeschrieben ist.

Zur Wahrung der Widerrufsfrist reicht es aus, dass Sie die Mitteilung über die Ausübung des Widerrufsrechts vor Ablauf der Widerrufsfrist absenden.

Folgen des Widerrufs

Wenn Sie diesen Vertrag widerrufen, haben wir Ihnen alle Zahlungen, die wir von Ihnen erhalten haben, einschließlich der Lieferkosten (mit Ausnahme der zusätzlichen Kosten, die sich daraus ergeben, dass sie eine andere Art der Lieferung als die von uns angebotene günstige Standardlieferung gewählt haben), unverzüglich und spätestens binnen vierzehn Tagen ab dem Tag zurückzuzahlen, an dem die Mitteilung über Ihren Widerruf dieses Vertrags bei uns eingegangen ist. Für diese Rückzahlung verwenden wir dasselbe Zahlungsmittel, das Sie bei der ursprünglichen Transaktion eingesetzt haben, es sei denn, mit Ihnen wurde ausdrücklich etwas anderes vereinbart; in keinem Fall werden Ihnen wegen dieser Rückzahlung Entgelte berechnet.
Haben Sie verlangt, dass die Dienstleistung während der Widerrufsfrist beginnen soll, so haben Sie uns einen angemessenen Betrag zu zahlen, der dem Anteil der bis zu dem Zeitpunkt, zu dem Sie uns von der Ausübung des Widerrufsrechts hinsichtlich dieses Vertrags unterrichten, bereits erbrachten Dienstleistungen im Vergleich zum Gesamtumfang der im Vertrag vorgesehenen Dienstleistungen entspricht.

Erklärungen des Verbrauchers/der Verbraucher*in / Vorzeitiges Erlöschen des Widerrufsrechtes

Mir ist bekannt, dass das Widerrufsrecht vor Ablauf der Widerrufsfrist erlischt, wenn die Dienstleistung vollständig erbracht wurde und mit der Ausführung der Dienstleistung erst begonnen wurde, nachdem ich meine ausdrückliche Zustimmung gegeben habe.

Ich verlange ausdrücklich, dass Sie vor Ende der Widerrufsrist mit der Ausführung der beauftragten Dienstleistung beginnen.

☐ ja ☐ nein

______________________ ______________________

Ort und Datum Unterschrift Auftraggebende Person

Muster - Widerrufsformular

(Wenn Sie den Vertrag widerrufen wollen, dann füllen Sie bitte dieses Formular aus und senden Sie es zurück).

An ______________________________

____

Vertragspartner*in, ggf. Fax-Nr. /E-Mail-Adresse

Hiermit widerrufe(n) ☐ ich * ☐ wir * den von ☐ mir * ☐ uns * abgeschlossenen Vertrag über die Erbringung von Makler*innenleistungen vom ______________

über ______________________________

Name/Anschrift des/der Verbraucher(s) bzw. der Verbraucher*innen: ______________________________

____

______________________ ______________________

Datum Unterschrift des/der Verbraucher(s) bzw. der Verbraucher*innen**

* Zutreffendes bitte ankreuzen
** nur bei Mitteilung auf Papier

Seite 2 von 3

Muster für ein Suchauftragsformular für die Vermittlung einer Mietwohnung

Bestätigung/Zeugnis des Vermieters/der Vermieter*in oder eines/einer anderen Berechtigten der Gestattung nach § 2 Abs. 1a, § 6 Abs. 1 WoVermRG

Vermietende*r/Berechtigte*r: ....

Hiermit bestätige ich dem/der Wohnungsvermittelnden, dass diese/r ausschließlich aufgrund des Suchauftrages von

....
(Name)

die Gestattung erhalten hat, die folgende Wohnung anzubieten.

Adresse der Wohnung: ....

....
Ort und Datum

....
Unterschrift Vermietende*r oder Berechtigte*r
Unterschrift bei telekommunikativer Übersendung entbehrlich (Textform)

Erläuterungen:

Eine Provisionspflicht des/der Wohnungssuchenden aus einem Suchauftrag (Vermittlungsvertrag) ist nur unter engen Voraussetzungen möglich:

- Der Vermittlungsvertrag (Suchauftrag) bedarf der Textform.
- Der/Die Vermittelnde darf nur einen gleichartigen Suchauftrag (bspw. 3 Zimmer mit mindestens 75 m², Altbau mit Balkon und Einbauküche) entgegennehmen, da er/sie sonst nicht ausschließlich für eine/n Suchenden tätig ist. Der Suchauftrag ist daher möglichst eng zu fassen.
- Der/Die Vermittelnde kann nur ein Entgelt verlangen, wenn ihm/ihr die Vermarktung der konkreten Wohnung nicht bereits vor Erteilung des Suchauftrages gestattet war.
- Der/Die Vermittelnde kann letztlich nur dann eine Provision verlangen, wenn es zum Abschluss eines Mietvertrages kommt.

Textform

Der Suchauftrag muss in Textform erfolgen. Eine Schriftform bzw. eine eigenhändige Unterschrift des/der Wohnungssuchenden ist nicht erforderlich. Eine Unterschrift dient lediglich der Beweiserleichterung.

Auslagen

Der/Die Wohnungsvermittelnde kann nur konkret nachgewiesene Auslagen (Porto, Telefonkosten, Fahrtkosten, Insertionskosten, Rundschreiben etc.) vom/von der Wohnungssuchenden ersetzt verlangen, die mit der Wohnungsvermittlung zusammenhängen. Der/Die Wohnungsvermittelnde kann dabei nur den eine Monatsmiete übersteigenden Teil verlangen. Pauschale Vereinbarungen sind unzulässig. Allgemeine Büro-, Personal- und sonstige Kosten sind nicht erstattungsfähig.

Kommt der Mietvertrag nicht zustande, kann der/die Wohnungsvermittelnde vereinbaren, dass die in Erfüllung des Auftrages nachweisbar entstandenen Auslagen ersetzt werden. Der Begriff der "nachweisbar entstandenen" Auslagen ist gleichbedeutend mit dem Begriff der "nachgewiesenen Auslagen".

Vermietendenbestätigung

Der/Die Wohnungsvermittelnde muss gegebenenfalls nachweisen, dass diese/r den Auftrag, die Wohnung anzubieten, ausschließlich wegen des Vermittlungsvertrags mit dem/der Wohnungssuchenden vom/von der Vermietenden oder einem/einer anderen Berechtigte*n eingeholt hat. Dies kann nach der Gesetzesbegründung (BT-Drs. 18/3121, S. 36) zum Beispiel durch Zeugnis des/der Vermietenden oder von Mitarbeiter*innen des/der Vermittelnden erfolgen. Berechtigte im Sinne von § 6 Abs. 1 WoVermRG ist zunächst der/die Vermietende selbst. Andere Personen sind Berechtigte, wenn sie befugt sind, über die Vergabe der Wohnung zu bestimmen oder zumindest im Auftrag des/der Vermietenden nach Mietinteressente*innen zu suchen. In Betracht kommt dabei vor allem die Hausverwaltung. Handeln mehrere Wohnungsvermittelnde gemeinschaftlich, kann grundsätzlich auch derjenige Vermittelnde Berechtigte*r sein, dem/die die Einschaltung eines/einer Untermaklers/Untermakler*in durch den/die Vermietenden gestattet ist.

Die Vermietendenbestätigung, welche natürlich erst nach Erteilung des Suchauftrages ausgestellt werden kann, kann in Bezug auf die konkrete beabsichtigte Vermietung nur einmal seitens des/der Berechtigte*n erfolgen.

Widerrufsbelehrung

Eine Widerrufsbelehrung ist erforderlich, wenn der/die Wohnungssuchende Verbraucher*in ist und der Suchauftrag (Vermittlungsvertrag) außerhalb der Geschäftsräume des/der Vermittelnden (Unternehmen) oder mithilfe eines Fernkommunikationsmittels zustandekommt.

Seite 3 von 3

Muster für ein Suchauftragsformular für die Vermittlung einer Mietwohnung

X. Maklerprovision

Grundsätzlich kann die Maklerprovision – das Gesetz spricht hier vom Maklerlohn – frei vereinbart werden. Allerdings hat der Immobilienmakler drei wichtige gesetzliche Einschränkungen zu beachten. Zum einen ist dies der Tatbestand des Wuchers, zum anderen sind Wohnungsvermittler hinsichtlich des Umfangs des Entgelts an die Bestimmungen den Wohnungsvermittlungsgesetzes gebunden und bei der Vermittlung von Kaufverträgen über Wohnungen und Einfamilienhäuser an natürliche Personen sind besondere Provisionsvereinbarungen zu beachten.

1. Allgemeine Beschränkungen

a) Wucher

Nichtig ist insbesondere ein Rechtsgeschäft, durch das jemand unter Ausbeutung der Zwangslage, der Unerfahrenheit, des Mangels an Urteilsvermögen oder der erheblichen Willensschwäche eines anderen sich oder einem Dritten für eine Leistung Vermögensvorteile versprechen oder gewähren lässt, die in einem auffälligen Missverhältnis zu der Leistung stehen.

Zwangslage

Diese liegt vor, wenn durch wirtschaftliche oder soziale Notlage ein zwingendes Bedürfnis nach einer bestimmten Leistung (z. B. Wohnung) entsteht.

Unerfahrenheit

Dies bedeutet einen Mangel an Lebens- oder Geschäftserfahrung. Sie kann insbesondere bei Jugendlichen, Alten oder geistig beschränkten Personen gegeben sein.

Mangel an Urteilsvermögen

Dieser liegt vor, wenn jemand z. B. infolge von Verstandesschwäche nicht in der Lage ist, die Vor- und Nachteile des Geschäfts sachgerecht gegeneinander abzuwägen und die Leistung nicht richtig bewerten kann.

Erhebliche Willensschwäche

Diese ist gegeben, wenn jemand wegen einer verminderten psychischen Widerstandsfähigkeit nicht in der Lage ist, sich sachgerecht zu verhalten.

Sie kann insbesondere bei Alkohol- oder Drogenabhängigen, aber auch bei alten Menschen vorliegen.

Auffälliges Missverhältnis

Eine feste Aussage hierüber ist nicht möglich, da dies von zu vielen Faktoren des jeweiligen Einzelfalles abhängig zu machen ist. Ein auffälliges Missverhältnis liegt z. B. vor, wenn die Maklerprovision das Fünffache des Üblichen beträgt.

Rechtsfolge des Wuchers

Ein wucherisches Rechtsgeschäft ist nichtig. Die Beweislast für die tatsächliche Voraussetzung des Wuchers obliegt demjenigen, der sich auf die Nichtigkeit des Rechtsgeschäftes beruft.

b) Umfang des Entgelts für Wohnungsvermittler

Wohnungsvermittler dürfen vom Wohnungssuchenden (Mieter) für die Vermittlung oder den Nachweis der Gelegenheit zum Abschluss von Mietverträgen über Wohnräume kein Entgelt fordern, sich versprechen lassen oder annehmen, das zwei Monatsmieten zuzüglich der gesetzlichen Mehrwertsteuer übersteigt.

Räume zum Wohnen

Dies sind Räume, die zum Wohngebrauch bestimmt sind. Unerheblich ist dabei, ob es sich um einen einzelnen Wohnraum (z. B. Untermietzimmer) oder um eine räumlich und wirtschaftlich selbstständig abgeschlossene Wohneinheit (Wohnung) handelt, die eine eigene Haushaltsführung ermöglicht. Unter Wohnräume fallen auch Gemeinschaftsunterkünfte.

Umfang des Entgelts

Durch diese Vorschrift wird festgelegt, dass Wohnungsvermittler für ihre Vermittlungs- oder Nachweistätigkeit vom Wohnungssuchenden in keinem Fall mehr als die gesetzlich festgelegte Vermittlungsgebühr in Höhe von zwei Monatsmieten zuzüglich der gesetzlichen Umsatzsteuer fordern, sich versprechen lassen oder annehmen dürfen.

Für die Vermietung von Wohnräumen darf niemand unangemessen hohes Entgelt fordern.

Gesondert abzurechnende Nebenkosten

Zum Begriff der Monatsmiete gehört die Grundmiete einschließlich aller darin eingeschlossenen Nebenkosten oder pauschal zur Grundmiete erhobenen Nebenkosten zuzüglich Mehrwertsteuer. Nicht davon erfasst sind jedoch die Nebenkosten, die als Vorauszahlungen geleistet werden und später vom Vermieter gesondert abgerechnet werden müssen. Dies kann z. B. bei den Heizungs- und Warmwasserkosten der Fall sein. Die nicht umlagefähigen Nebenkosten bleiben bei der Provisionsberechnung unberücksichtigt.

Geldbuße

Verstöße gegen diese Vorschriften sind Ordnungswidrigkeiten, die mit einer Geldbuße bis zu 25.000 Euro geahndet werden können.

2. Rechtliche Grundlagen des Anspruchs auf Maklerprovision

a) Anspruch auf Maklerprovision

Wer

- für den Nachweis der Gelegenheit zum Abschluss eines Vertrags
- oder für die Vermittlung eines Vertrags
- einen Maklerlohn verspricht,
- ist zur Entrichtung des Lohnes nur verpflichtet,
- wenn der Vertrag infolge des Nachweises oder infolge der Vermittlung des Maklers zustande kommt.

Wird der Vertrag unter einer aufschiebenden Bedingung geschlossen, so kann der Maklerlohn erst verlangt werden, wenn die Bedingung eintritt.

Aufwendungen sind dem Makler nur zu ersetzen, wenn es vereinbart ist. Dies gilt auch dann, wenn ein Vertrag nicht zustande kommt.

Voraussetzungen für das Zustandekommen des Provisionsanspruchs

Ein Provisionsanspruch für den Immobilienmakler ist nur bei Erfüllung der nachfolgenden vier Voraussetzungen gegeben:

- Zustandekommen eines Maklervertrages;
- der Immobilienmakler muss eine nachweisende oder vermittelnde Tätigkeit entfaltet haben;
- Ursächlichkeiten dieser Tätigkeit für das Zustandekommen des Hauptvertrages;
- der Hauptvertrag muss rechtsverbindlich sein.

Zustandekommen eines Maklervertrages

Ein Maklervertrag kommt durch die Abgabe eines Angebots durch den Auftraggeber und die Annahme dieses Angebots durch den Auftragnehmer zustande. Auftragnehmer ist im Regelfall der Makler, der das Angebot des Auftraggebers, z. B. Verkäufer oder Käufer, Vermieter oder Mieter eines Objekts, annimmt. Er bedarf zu seiner Rechtswirksamkeit grundsätzlich keiner besonderen Form und kann sowohl schriftlich, mündlich als auch stillschweigend zustande kommen, wenngleich sich eine schriftliche Vereinbarung in jedem Fall empfiehlt.

Eine Ausnahme besteht lediglich dann, wenn sich der Maklervertrag auf eine Grundstücksvermittlung bezieht und darin eine direkte oder indirekte Erwerbsverpflichtung oder die Verpflichtung zu einer Eigentumsübertragung enthalten ist. Hier ist eine notarielle Beurkundung des Maklervertrags notwendig. Von entscheidender Bedeutung für den Makler ist allerdings, dass bei Zustandekommen des Maklervertrags der Auftraggeber vom Provisionsanspruch des Maklers in Kenntnis gesetzt worden ist und dieser Anspruch auch akzeptiert wurde. Die Beweislast hierfür liegt immer bei demjenigen, der die Provision fordert, im Regelfall also beim Makler.

Nachweisende Tätigkeit

Der Nachweis besteht darin, dass der Immobilienmakler dem Auftraggeber einen ihm bisher unbekannten Interessenten oder ein Objekt und den künftigen Vertragspartner benennt, so dass der Auftraggeber von sich aus Vertragsverhandlungen aufnehmen kann. Die Angabe von Name und Anschrift des Interessenten ist hierfür in der Regel ausreichend.

Beispiel: Kein Nachweis liegt z. B. vor, wenn der Makler dem Auftraggeber eine Liste mit mehreren Interessenten übermittelt, anhand derer sich dieser erst einen konkreten Interessenten für sein Objekt heraussuchen müsste. Auch die Verweisung an einen anderen Makler, der dann einen Nachweis erbringt (indirekter Nachweis), genügt nicht.

Vermittelnde Tätigkeit

Unter Vermittlung ist jede auf den Abschluss eines Vertrages abzielende Tätigkeit zu verstehen, d. h. mit Interessenten Verhandlungen über zu vermittelnde Immobilien führen und über Einzelheiten zu informieren. Mit dem Auftraggeber reicht das Zustandekommen eines Maklervertrages aus. Ein gleichzeitiges Verhandeln mit beiden Vertragsteilen oder ein Mitwirken beim Vertragsabschluss ist nicht notwendig. Bezüglich des Provisionsanspruches ist die vermittelnde der nachweisenden Tätigkeit gleichgestellt.

Ursächlichkeit

Die Vermittlungs- oder Nachweistätigkeit des Immobilienmaklers muss die Ursache für den Vertragsabschluss gewesen sein.

Bei der nachweisenden Tätigkeit ist es hierfür ausreichend, wenn der Makler dem Auftraggeber einen Interessenten bzw. ein Objekt benennt und es in angemessener Zeit zu einem Vertragsabschluss kommt.

Bei der vermittelnden Tätigkeit ist ausreichend, wenn aufgrund des Maklervertrages dem Auftraggeber ein Angebot zugegangen ist und dieser einen entsprechenden Vertrag abgeschlossen hat. Die Leistung des Maklers muss jedoch nicht die alleinige oder hauptsächliche Ursache für den Abschluss des Hauptvertrages sein, eine bloße Mitverursachung genügt. Allerdings muss die Leistung des Maklers so wesentlich für den Vertragsabschluss gewesen sein, dass der Kunde hierdurch den Anstoß erhalten hat, sich um das entsprechende Objekt zu bemühen. Dies kann z. B. der Fall sein, wenn die Parteien die bereits abgebrochenen Vertragsverhandlungen auf Veranlassung des Maklers wieder aufnehmen und diese zum Erfolg führen.

Eine Unterbrechung der Ursächlichkeit der vom Makler entfalteten Leistung kommt nur bei Aufnahme völlig neuer Verhandlungen, die unabhängig von den Bemühungen des Maklers aufgenommen wurden, in Betracht.

Die Beweislast, dass die vermittelnde bzw. nachweisende Tätigkeit mitursächlich für den Vertragsabschluss war, liegt beim Makler. Beruft sich der Auftraggeber darauf, dass ihm das Objekt bereits bekannt war, so liegt die Beweislast hierfür bei ihm. Gingen dem Auftraggeber die Angebote verschiedener Makler über das gleiche Objekt zu und kam ein Vertrag zustande, so trifft den Makler, der die Vergütung fordert, die Beweislast, dass gerade sein Angebot für das Zustandekommen des Vertrages mitursächlich war.

Rechtsverbindlicher Hauptvertrag

Zwischen dem Auftraggeber des Maklers und einem Dritten (Vertragspartner) muss ein Vertrag über das gewünschte Geschäft (z. B. Kauf oder Verkauf einer Wohnung) aufgrund der vermittelnden bzw. nachweisenden Tätigkeit des Maklers wirksam zustande gekommen sein. Die Vermittlung von Kaufverträgen über Wohnungen und Einfamilienhäuser an Privatpersonen bedarf dabei zu seiner Wirksamkeit der Textform, z. B. E-Mail.

Grundstücksverkäufe bedürfen zu ihrer Rechtswirksamkeit der notariellen Beurkundung. Die Überlassung eines Grundstücks, der Abschluss eines Vorvertrages, die Leistung einer Anzahlung oder der Abschluss eines notariellen Kaufanwartschaftsvertrages begründen noch keinen rechtsverbindlichen Hauptvertrag.

Miet- und Pachtverträge bedürfen zu ihrer Rechtswirksamkeit nur dann der Schriftform, wenn sie über eine feste Laufzeit von mehr als einem Jahr abgeschlossen werden.

Genehmigungsbedürftige Verträge wie etwa ein Vertrag nach dem Grundstücksverkehrsgesetz bei landwirtschaftlichen Grundstücken oder Verträge mit Minderjährigen werden erst nach der Zustimmung der zuständigen Stelle bzw. Behörde rechtswirksam.

Das Risiko des Nichtzustandekommens eines rechtsverbindlichen Hauptvertrages trägt der Makler.

Ein Provisionsanspruch ist auch dann nicht gegeben, wenn zwar ein rechtsverbindlicher Hauptvertrag zustande kommt, der Makler jedoch mit dem Vertragspartner des Auftraggebers identisch oder wirtschaftlich in erheblichem Maße verflochten ist. Dies ist z.B. dann der Fall, wenn der Vertragspartner eine GmbH ist, deren Gesellschafter der Makler ist. Es darf keine Interessenkollision entstehen, da der Makler bei dem zu vermittelnden Geschäft wirtschaftlicher Berater des Auftraggebers ist, dessen entgegengebrachtes Vertrauen Schutz verdient.

Aufschiebende Bedingung

Bei der aufschiebenden Bedingung hängt die Bezahlung der Provision vom Eintritt eines zukünftigen, vorher vereinbarten Ereignisses ab. Eine aufschiebende Bedingung kann etwa die Vereinbarung, dass die Maklerprovision erst nach Eingang des Kaufpreises fällig wird, sein.

Ersatz von Aufwendungen

Grundsätzlich hat der Makler keinerlei Anspruch auf Erstattung seiner angefallenen Auslagen. Er kann diese jedoch dann verlangen, wenn er dies vorher mit dem Auftraggeber vereinbart hat. Dies ist auch für den Fall der erfolglosen Tätigkeit möglich. Zu beachten sind allerdings die Einschränkungen nach dem Gesetz zur Regelung der Wohnungsvermittlung.

Reservierungsvereinbarung

In einer Reservierungsvereinbarung verpflichten sich die Vertragsparteien, das Objekt während eines bestimmten Zeitraums dem Vertragspartner zu reservieren, es also nicht Dritten anzubieten. Nach der Rechtsprechung der Oberlandesgerichte ist eine Reservierungsgebühr nichtig, daher ist von der Verabredung solcher Reservierungsvereinbarungen abzuraten.

b) Vereinbarung einer Maklerprovision

Ein Maklerlohn
- gilt als stillschweigend vereinbart,
- wenn die dem Makler übertragene Leistung
- den Umständen nach
- nur gegen eine Vergütung

zu erwarten ist.

Stillschweigend vereinbart

Eine stillschweigende Vereinbarung liegt vor, wenn jemand Maklerdienste in Kenntnis einer Provisionsforderung in Anspruch nimmt, ohne dass hierüber schriftliche oder mündliche Vereinbarungen getroffen worden sind.

Geltungsbereich

Diese Vorschrift ist anwendbar auf alle Arten der Immobilienvermittlung, welche nicht den Vorschriften des Wohnungsvermittlungsgesetzes unterliegen. Also etwa die Vermittlung oder der Nachweis der Gelegenheit zum Abschluss von Verträgen über den Verkauf, Belastung und Verpachtung von Grundstücks- und Wohnungseigentum, bei grundstücksgleichen Rechten, die den Vorschriften über Grundstücke unterliegen, wie z. B. Erbbaurecht, auf vorübergehend benutzte Ferienwohnungen sowie das Immobilienleasing.

Bei der Vermittlung von Wohnraum ist Textform vorgeschrieben.

Den Umständen nach nur gegen Vergütung

Ein solcher Umstand ist gegeben, wenn davon auszugehen ist, dass die erwartete Leistung ohne entsprechende Provision unterbleiben würde. Auf die Tätigkeit des Immobilienmaklers übertragen bedeutet dies, dass zur Entstehung eines Provisionsanspruchs grundsätzlich zuerst ein Maklervertrag sowie die weiteren Voraussetzungen für das Zustandekommen des Provisionsanspruchs erfüllt sein müssen. Sind keine Abmachungen bezüglich eines Provisionsanspruchs getroffen worden, kann jedoch nicht davon ausgegangen werden, dass das Tätigwerden des Immobilienmaklers nur gegen eine Vergütung zu erwarten war. Die Rechtsprechung vertritt hier den Standpunkt, dass Kunden, die sich an einen Makler wenden, auch davon ausgehen können, dass dieser seine Provision von dem anderen Vertragspartner erhält.

Hinweis

Die Beweislast, dass die Tätigkeit den Umständen nach nur gegen Vergütung zu erwarten war, trifft in jedem Fall den Makler.

In Hinblick auf das oben Gesagte kann dem Makler nur angeraten werden, stets konkrete Abmachungen über die zu bezahlende Provision zu treffen und diese auch schriftlich zu fixieren.

Höhe der Vergütung nicht bestimmt

Hier muss eine Vergütung vereinbart, aber keine Abmachung über deren Höhe getroffen worden sein.

Üblicher Lohn

Hier handelt es sich um die von den Regionalverbänden des Immobilienverband Deutschland IVD festgestellten üblichen Maklergebühren. Sie beruhen auf einer sorgfältigen Erforschung der Marktlage und sind von Gerichten und Behörden als Beurteilungsgrundlage anerkannt. Sie weichen nicht nur in den einzelnen Bundesländern voneinander ab, sondern können auch noch innerhalb eines Bundeslandes regional verschieden sein.

Hinweis

Der übliche Lohn, auch als ortsübliche Gebühr bezeichnet, liegt beim Immobilienverkauf, je nach Bundesland, zwischen 3 und 7 % des Verkaufspreises der Immobilie zzgl. gesetzlicher Mehrwertsteuer. Er wird in der Regel sowohl vom Käufer als auch vom Verkäufer, in einigen Bundesländern auch nur vom Käufer der Immobilie, verlangt.

Auch wenn der Makler sich üblicherweise an diesem Gebührenrahmen orientiert, eine gesetzliche Verpflichtung hierzu besteht nicht. Theoretisch könnte die Gebühr auch frei vereinbart werden.

Bei Gewerbeimmobilien, Kauf oder Vermietung, ist die Provision ohnehin grundsätzlich frei verhandelbar.

Eine Ausnahme ist jedoch bei der Vermittlung von Kaufverträgen über Wohnungen und Einfamilienhäuser an natürliche Personen, siehe nachstehend, zu beachten.

Vergütung bei der Vermittlung von Kaufverträgen über Wohnungen und Einfamilienhäuser an natürliche Personen

Für die Vermittlung von Kaufverträgen über Wohnungen und Einfamilienhäuser an natürliche Personen gilt eine Sonderregelung.

Grundsätzlich ist hier diejenige Partei zur Bezahlung der Maklerprovision verpflichtet, welche den Makler beauftragt hat. Vereinbarungen mit dem

Ziel, diese Kosten an die andere Partei weiterzureichen, sind nur dann wirksam, wenn die weitergereichten Kosten maximal 50 % der insgesamt zu zahlenden Maklerprovision ausmachen. Wird der Makler in einem solchen Fall für beide Parteien, d. h. Verkäufer und Käufer tätig (Doppeltatigkeit), kann er seine Vermittlungsprovision von beiden Teilen jeweils nur hälftig verlangen.

Die Beweislast für die Vereinbarung einer Vergütung liegt beim Makler. Behauptet der Auftraggeber, dass eine andere als die übliche Vergütung vereinbart worden sei, liegt die Beweislast bei ihm.

Beispiel: Die ortsübliche Gebühr für die Maklerprovision liegt im Bundesland Bayern bei 3,57 % des Kaufpreises inklusive Mehrwertsteuer.

Bei dem Kaufpreis einer Eigentumswohnung an eine Privatperson in Höhe von 350.000 €, errechnet sich eine Provision von 12.495 €. Diese hat der Auftraggeber, Verkäufer oder Käufer, zu zahlen. Einigt man sich auf eine Aufteilung an den anderen Vertragsteil, können hier maximal 50 % der Provision, also 6.247,50 €, an diesen weitergegeben werden. Auch bei einer Doppeltätigkeit des Maklers, wenn dieser für beide Teile, also sowohl Verkäufer als auch Käufer, tätig wurde, kann er von jedem Vertragsteil jeweils nur 6.247,50 € verlangen.

Damit soll sichergestellt werden, dass der Auftraggeber, in der Mehrzahl aller Fälle der Verkäufer, zur Provisionszahlung verpflichtet wird. Da auch der Käufer in solchen Fällen von den Leistungen des Maklers profitieren kann, ist die Weitergabe eines Teils dieser Kosten an ihn möglich, allerdings maximal bis zur Hälfte.

Hinweis

Das „Gesetz über die Verteilung der Maklerkosten bei der Vermittlung von Kaufverträgen über Wohnungen und Einfamilienhäuser" gilt für Maklerverträge, die ab Inkrafttreten geschlossen werden; das ist am 23. Dezember 2020. Bis dahin ist es möglich, die Provision auch anders als hälftig aufgeteilt zu vereinbaren.

c) Ausschluss der Maklerprovision

Der Anspruch auf den Maklerlohn und auf den Ersatz von Aufwendungen ist ausgeschlossen, wenn der Makler dem Inhalt des Vertrages zuwider auch für den anderen Teil tätig gewesen ist.

Dem Inhalt des Vertrages zuwider

Grundsätzlich ist eine Doppeltätigkeit des Maklers erlaubt und in manchen Bereichen wie etwa der Grundstücksvermittlung sogar üblich. Der Immobilienmakler kann hier von beiden Teilen die volle Provision fordern, wenn dies vorher vereinbart wurde. Ausgenommen ist hier die Vermittlung von Kaufverträgen über Wohnungen und Einfamilienhäuser an natürliche Personen, bei welcher im Falle der Doppeltätigkeit des Maklers die Vermittlungsprovision von beiden Parteien jeweils zu gleichen Teilen zu verlangen ist. Aufgrund der dem Makler obliegenden Sorgfalts- und Treuepflicht ist er allerdings zu strenger Unparteilichkeit verpflichtet. Unzulässig ist eine Doppeltätigkeit deshalb dann, wenn diese zu einer vertragswidrigen Interessenkollision führt. Dies ist in der Regel nicht anzunehmen, wenn der Makler für den einen Teil als Nachweismakler tätig wird. Naheliegend ist eine solche Vermutung zwar, wenn er für beide Seiten als Vermittlungsmakler tätig wird, eine Interessenkollision ist allerdings dann nicht gegeben, wenn die Doppeltätigkeit ausdrücklich oder stillschweigend gestattet wurde. Im Rahmen seiner Aufklärungspflicht hat der Makler seine Doppeltätigkeit beiden Seiten offenzulegen.

Seinen Provisionsanspruch verwirkt der Immobilienmakler dann, wenn er einen Teil unzulässigerweise bevorteilt. Dies ist z.B. dann der Fall, wenn er sich gegenüber einem Vertragsteil verpflichtet, ihm das Objekt so günstig wie möglich zu verschaffen. Auch darf der Makler nicht ohne entsprechende Erlaubnis in Preisverhandlungen eingreifen oder dem Kaufinteressenten auch noch andere Objekte vorschlagen. Hat der Makler einen Allein-Auftrag über einen längeren Zeitraum (z.B. 15 Monate) erhalten, ist er als sogenannter „Vertrauensmakler“ anzusehen. Hier ist er zur ausschließlichen Interessenwahrung gegenüber seinem Auftraggeber verpflichtet und handelt treuwidrig, wenn er auch für den anderen Teil als Vermittlungsmakler tätig wird. Hier läuft eine Doppeltätigkeit dem Inhalt des Vertrages zuwider, es sei denn, die Doppeltätigkeit wurde dem Makler vertraglich von beiden Teilen gestattet und diesen gegenüber auch unmissverständlich zum Ausdruck gebracht.

Das Wichtigste in Kürze:

- Ein wucherisches Rechtsgeschäft ist nichtig.
- Bei der Wohnungsvermittlung darf das geforderte Entgelt zwei Monatskaltmieten zuzüglich der gesetzlichen Mehrwertsteuer nicht übersteigen.
- Ist Auftraggeber der Vermieter, gilt diese Beschränkung nicht, die Provisionshöhe kann frei vereinbart werden, wird sich in der Praxis aber an der ortsüblichen Gebühr orientieren. Eine Doppeltätigkeit des Maklers ist in einem solchen Fall ausgeschlossen, d.h. die Provision kann nur vom Auftraggeber, also dem Vermieter gefordert werden.

- Bei der Vermittlung von Kaufverträgen über Wohnungen und Einfamilienhäuser an natürliche Personen ist diejenige Person zur Zahlung der Maklerprovision verpflichtet, welche den Makler beauftragt hat. Vereinbarungen mit dem Ziel, die Kosten an die andere Partei weiterzureichen, sind nur wirksam, wenn diese 50 % der gesamten Provision nicht überschreiten. Bei einer Doppeltätigkeit des Maklers sind die Provisionskosten hälftig zu teilen.
- In allen anderen Fällen ist die Maklerprovision grundsätzlich frei verhandelbar, wobei sie sich in der Praxis am üblichen Entgelt, d .h. an der ortsüblichen Gebühr, orientieren wird.
- Ein Provisionsanspruch ist nur unter folgenden Voraussetzungen gegeben:
  - Zustandekommen eines Maklervertrages
  - Entfaltung einer nachweisenden oder vermittelten Tätigkeit
  - Ursächlichkeit dieser Tätigkeit für das Zustandekommen des Vertrags
  - Rechtsverbindlicher Hauptvertrag (bei der Vermittlung von Kaufverträgen über Wohnungen und Einfamilienhäuser an natürliche Personen ist Textform vorgeschrieben)
- Bei einer aufschiebenden Bedingung entsteht der Provisionsanspruch erst nach Eintritt dieser Bedingung.
- Aufwendungen sind nur nach entsprechender Vereinbarung zu ersetzen.
- Der Provisionsanspruch gilt als stillschweigend vereinbart, wenn die Leistung den Umständen nach nur gegen eine Vergütung zu erwarten ist.
- Ist die Höhe der Vergütung nicht bestimmt, so ist der übliche Lohn als vereinbart anzusehen.
- Eine Doppeltätigkeit des Maklers ist grundsätzlich erlaubt, bei der Vermittlung von Kaufverträgen über Wohnungen und Einfamilienhäuser an Privatpersonen ist die hälftige Teilung der Maklerprovision zwingend vorgeschrieben.
- Ein Provisionsanspruch oder der Anspruch auf den Ersatz von Aufwendungen ist ausgeschlossen, wenn der Makler dem Inhalt des Vertrages zuwider auch für den anderen Teil tätig geworden ist (vertragswidrige Interessenkollision).

XI. Widerrufsrecht bei Fernabsatzverträgen

Wird der Immobilienmakler ausschließlich im Rahmen eines Fernabsatzes, d.h. unter Verwendung von Fernkommunikationsmitteln oder außerhalb seiner Geschäftsräume tätig, steht dem Verbraucher ein besonderes Widerrufsrecht zu, welches sich nach den in §§ 312b BGB ff. aufgeführten Bestimmungen richtet.

Unter Fernabsatzverträgen sind dabei Verträge zu verstehen, bei denen der Unternehmer oder eine in seinem Namen oder Auftrag handelnde Person und der Verbraucher für die Vertragsverhandlungen und den Vertragsschluss ausschließlich Fernkommunikationsmittel verwenden, es sei denn, dass der Vertragsschluss nicht im Rahmen eines für den Fernabsatz organisierten Vertriebs- oder Dienstleistungssystems erfolgt (§ 312c Abs. 1 BGB).

Fernkommunikationsmittel sind alle Kommunikationsmittel, die zur Anbahnung oder zum Abschluss eines Vertrags eingesetzt werden können, ohne dass die Vertragsparteien gleichzeitig körperlich anwesend sind, wie Briefe, Kataloge, Telefonanruf, Telekopien, E-Mails, über den Mobilfunkdienst versendete Nachrichten (SMS) sowie Rundfunk und Telemedien (§ 312c Abs. 2 BGB).

Fernabsatz

Ein Fernabsatz liegt vor, wenn der Vertrag per Post, Fax, E-Mail, telefonisch oder im Internet abgeschlossen wird und sich der Unternehmer und Verbraucher bis zum Zeitpunkt des Vertragsabschlusses nicht persönlich begegnet sind, die gesamte Vertragsanbahnung, also auch der Vertragsabschluss, somit ausschließlich über Mittel der Fernkommunikation zustande gekommen ist.

Unternehmer

Unternehmer können natürliche oder juristische Personen sein, die bei Abschluss eines Rechtsgeschäfts in Ausübung ihrer gewerblichen oder selbstständigen beruflichen Tätigkeit handeln.

Natürliche Personen können auch Gewerbetreibende sein, welche ihre Tätigkeit in einer Personengesellschaft ohne eigene Rechtspersönlichkeit ausüben. Beispiel: Gesellschaft des bürgerlichen Rechts, OHG, KG, eingetragener Kaufmann e.K..

Auch Handelsgewerbetreibende nach § 1 Abs. 2 HGB (Ist-Kaufmann) sowie Kann-Kaufleute nach § 2 HGB, für die eine Firma im Handelsregister eingetragen ist, werden als Unternehmer den natürlichen Personen gleichgestellt.

Unter juristische Personen fallen zum Beispiel GmbH, UG (haftungsbeschränkt), AG, KGaA, e.V. Immobilienvermittler, unabhängig in welcher Rechtsform sie ihr Gewerbe ausüben, sind somit Unternehmer im Sinne dieses Gesetzes.

Verbraucher

Verbraucher ist jede natürliche Person, solange das Rechtsgeschäft nicht gewerblichen oder beruflichen Zwecken dient. Als Verbraucher gelten auch Gewerbetreibende oder Berufstätige, solange die Dienstleistung, hier also die Immobilienvermittlung, dem privaten und somit nicht gewerblichen Bereich zuzuordnen ist. Bei der Vermittlung von Dienstleistungen im Immobilienbereich ist Verbraucher somit der Kunde des Immobilienmaklers, soweit das Vermittlungsgeschäft privaten Zwecken des Kunden dient. Ist eine Trennung zwischen privaten und beruflichen Zwecken nicht eindeutig gegeben, eine Wohnung also etwa auch zum Teil als Geschäftsraum benutzt wird, ist der überwiegende Teil der Nutzung entscheidend.

Fernkommunikationsmittel

Fernkommunikationsmittel sind Briefe, Kataloge, Telefonate, Telekopien, E-Mails, über den Mobilfunk versendete Nachrichten (SMS) sowie Rundfunk und Telemedien.

Widerrufsrecht

Der Immobilienmakler ist im Falle der Fernkommunikation des Immobiliengeschäfts verpflichtet, seine Kunden schriftlich über ihr Widerrufsrecht zu informieren. Die Kunden können somit die mit dem Immobilienvermittler geschlossenen Verträge innerhalb von 14 Tagen widerrufen. Dazu hat der Unternehmer dem Verbraucher ein Widerrufsformular zur Verfügung zu stellen. Die Frist beginnt, sobald der Kunde über sein Widerrufsrecht belehrt wurde. Erfolgt keine Belehrung, erlischt das Widerrufsrecht des Verbrauchers spätestens nach Ablauf von zwölf Monaten und 14 Tagen nach dem Vorliegen der Voraussetzungen für den Fristbeginn.

Zumindest theoretisch besteht für den Kunden die Möglichkeit, die Wohnung oder das Haus provisionsfrei zu beziehen, wenn er den Auftrag innerhalb der Widerspruchsfrist widerruft. Der Immobilienvermittler kann sich für diese Fälle entweder dadurch absichern, dass er, bei erfolgter Widerrufsbelehrung, 14 Tage verstreichen lässt, bevor er für seinen Kunden aktiv tätig wird, oder durch eine sogenannte Wertezusatzklausel, die ihm eine Provision auch im Falle des Widerrufs zusichert.

Ein Muster für ein Widerrufsformular mit Widerrufsbelehrung und -erklärungen ist auf Seite 105 abgedruckt.

Hinweis

Erfolgt der Vertragsschluss zwischen Anwesenden in den Geschäftsräumen des Maklers, steht dem Verbraucher kein Widerrufsrecht zu.

Das Wichtigste in Kürze:

- Ein Fernabsatz liegt vor, wenn der Vertrag per Post, Fax, E-Mail, telefonisch oder im Internet abgeschlossen wird und sich der Unternehmer und Verbraucher bis zum Zeitpunkt des Vertragsabschlusses nicht persönlich begegnet sind.
- Fernkommunikationsmittel sind Briefe, Kataloge, Telefonate, Telekopien, E-Mails, über den Mobilfunk versendete Nachrichten (SMS) sowie Rundfunk und Telemedien.
- Der Immobilienmakler ist im Falle der Fernkommunikation des Immobiliengeschäfts verpflichtet, seine Kunden schriftlich über ihr Widerrufsrecht zu informieren. Die Kunden können somit die mit dem Immobilienvermittler geschlossenen Verträge innerhalb von 14 Tagen widerrufen.

Verbraucher*innenwiderrufsbelehrung

bei außerhalb von Geschäftsräumen geschlossenen Verträgen
und bei Fernabsatzverträgen mit Ausnahme von Verträgen über Finanzdienstleistungen -
Informationspflicht nach § 312 d Abs. 1 i.V.m. Art. 246a § 1 Abs. 2 Satz 2 EGBGB

Makler*in/ Hausverwaltung (Name, Anschrift, Tel., E-Mail-Adresse)	
in Auftrag gegeben von: (Name, Anschrift, Tel., E-Mail-Adresse)	
Widerrufsbelehrung zum Auftrag: **vom:** **über:**	

Widerrufsbelehrung

Sie haben das Recht binnen 14 Tagen ohne Angabe von Gründen diesen Vertrag zu widerrufen. Die Widerrufsfrist beträgt 14 Tage ab dem Tag des Vertragsabschlusses.

Um Ihr Widerrufsrecht auszuüben, müssen Sie uns

....

....

....

....

mittels einer eindeutigen Erklärung (z.B. ein mit der Post versandter Brief, Telefax oder E-Mail) über Ihren Entschluss, diesen Vertrag zu widerrufen, informieren. Sie können dafür das auf der Erläuterungsseite abgedruckte Muster-Widerrufsformular verwenden, das jedoch nicht vorgeschrieben ist.

Zur Wahrung der Widerrufsfrist reicht es aus, dass Sie die Mitteilung über die Ausübung des Widerrufsrechts vor Ablauf der Widerrufsfrist absenden.

Folgen des Widerrufs

Wenn Sie diesen Vertrag widerrufen, haben wir Ihnen alle Zahlungen, die wir von Ihnen erhalten haben, einschließlich der Lieferkosten (mit Ausnahme der zusätzlichen Kosten, die sich daraus ergeben, dass Sie eine andere Art der Lieferung als die von uns angebotene, günstige Standardlieferung gewählt haben), unverzüglich und spätestens binnen vierzehn Tagen ab dem Tag zurückzuzahlen, an dem die Mitteilung über Ihren Widerruf dieses Vertrags bei uns eingegangen ist. Für diese Rückzahlung verwenden wir dasselbe Zahlungsmittel, das Sie bei der ursprünglichen Transaktion eingesetzt haben, es sei denn, mit Ihnen wurde ausdrücklich etwas anderes vereinbart; in keinem Fall werden Ihnen wegen dieser Rückzahlung Entgelte berechnet.
Haben Sie verlangt, dass die Dienstleistung während der Widerrufsfrist beginnen soll, so haben Sie uns einen angemessenen Betrag zu zahlen, der dem Anteil der bis zu dem Zeitpunkt, zu dem Sie uns von der Ausübung des Widerrufsrechts hinsichtlich dieses Vertrags unterrichten, bereits erbrachten Dienstleistungen im Vergleich zum Gesamtumfang der im Vertrag vorgesehenen Dienstleistungen entspricht.

Ort und Datum — Unterschrift des/der Auftraggebenden

Ich beauftrage den/die Makler*in ausdrücklich, mit der Ausführung des Auftrages schon vor Ablauf der Widerrufsfrist zu beginnen.

☐ Ja ☐ Nein

Mir ist bekannt, dass ich bei vollständiger Vertragserfüllung durch den/die Makler*in mein Widerrufsrecht verliere (§ 356 Abs. 4 BGB).

Ort und Datum — Unterschrift

Muster für ein Widerrufsformular mit Widerrufsbelehrung und -erklärungen

Muster - Widerrufsformular

(Wenn Sie den Vertrag widerrufen wollen, dann füllen Sie bitte dieses Formular aus und senden Sie es zurück.)

An

Vertragspartei, ggf. Fax-Nr. /E-Mail-Adresse

Hiermit widerrufe(n) ich * wir * den von mir * uns * abgeschlossenen Vertrag über die Erbringung von Makler*innenleistungen vom

über die Hausverwaltung des Anwesens

über

Name/Anschrift des/der Verbraucher(s)*in:

Datum

Unterschrift des/der Verbraucher(s)*in **

* Zutreffendes bitte ankreuzen
** nur bei Mitteilung auf Papier

Muster für ein Widerrufsformular mit Widerrufsbelehrung und -erklärungen

Erläuterungen zur Verbraucher*innenwiderrufsbelehrung

(Formblatt M – 61 013)

Unternehmen sind verpflichtet **Verbraucher*innen** über ihre Widerrufs- oder Rückgaberechte zu belehren. Die Belehrung muss auf die Rechtsfolgen des § 357 Abs. 1 und 3 BGB hinweisen.

Verbraucher*in ist jede natürliche Person, die ein Rechtsgeschäft zu Zwecken abschließt, die überwiegend weder ihrer gewerblichen noch ihrer selbständigen beruflichen Tätigkeit zugerechnet werden können.

Makler*innenvertrag außerhalb von Geschäftsräumen

Außerhalb von Geschäftsräumen geschlossene Verträge sind nach § 312b Abs. 1 Nr. 1 BGB insbesondere solche Verträge, die bei gleichzeitiger körperlicher Anwesenheit von Verbraucher*innen und des/der Gewerbe Betreibenden an einem Ort geschlossen werden, der kein Geschäftsraum des/der Gewerbe Betreibenden ist. Das Gesetz sieht noch weitere Beispiele vor, die im Rahmen eines Vertragsabschlusses mit Makler*innen aber nicht relevant werden können.

Dem/der Gewerbe Betreibenden stehen Personen gleich, die in seinem/ihren Namen oder Auftrag handeln.

Geschäftsräume im Sinne des § 312b Abs. 1 Nr. 1 BGB sind unbewegliche Gewerberäume, in denen Gewerbe Betreibende ihre Tätigkeit dauerhaft ausüben, und bewegliche Gewerberäume, in denen das Unternehmen seine Tätigkeit für gewöhnlich ausübt. Gewerberäume, in denen die Person, die im Namen oder Auftrag des Unternehmens handelt, ihre Tätigkeit dauerhaft oder für gewöhnlich ausübt, stehen Räumen des Unternehmen gleich.

Fernabsatzverträge sind nach § 312c Abs. 1 BGB Verträge über die Lieferung von Waren oder über die Erbringung von Dienstleistungen, die zwischen einem Unternehmen und einem/r Verbraucher*in unter ausschließlicher Verwendung von Fernkommunikationsmitteln abgeschlossen werden (also z.B. Telefon, E-Mail, Brief oder Fax), es sei denn, dass der Vertragsschluss nicht im Rahmen eines für den Fernabsatz organisierten Vertriebs- und Dienstleistungssystems erfolgt.

Fernkommunikationsmittel im Sinne des BGB sind alle Kommunikationsmittel, die zur Anbahnung oder zum Abschluss eines Vertrags eingesetzt werden können, ohne dass die Vertragsparteien gleichzeitig körperlich anwesend sind, wie Briefe, Kataloge, Telefonanrufe, Telekopien, E-Mails, über den Mobilfunkdienst versendete Nachrichten (SMS) sowie Rundfunk und Telemedien.
Beachte:
Das Fernabsatzrecht stellt strenge Anforderungen an das Unternehmen. Der/die Verbraucher*in soll bereits vor Vertragsabschluss alle Informationen zur Verfügung gestellt bekommen, die der Identitätsfeststellung des/der Gewerbe Betreibenden und der Beurteilung der Geschäftsgrundlagen dienen (insbesondere vollständige Namens-/Firmierungsangaben, Adressen, Registernummern, vertretungsberechtigte Personen, Preisangaben oder Berechnungsgrundlagen, zusätzlich zum Preis/zur Provision entstehende Kosten, Zahlungsbedingungen, Allgemeine Geschäftsbedingungen, Widerrufsmöglichkeiten vgl. Art. 246a § 1 EGBGB sowie § 5 TMG).

XII. Pflichtangaben nach der Energieeinsparverordnung (EnEV)

Nach der Energieeinsparverordnung ist der Immobilienmakler verpflichtet, bei der Insertion in kommerziellen Medien bestimmte Energiekennwerte anzugeben.

Immobilienmakler, welche ein Gebäude, eine Wohnung oder eine sonstige selbstständige Nutzeinheit zur Vermietung, Verpachtung, zum Verkauf oder zum Leasing anbieten, müssen die nachfolgend aufgeführten Energiemerkmale in ihrer Anzeige angeben, vorausgesetzt zum Zeitpunkt der Insertion liegt ein gültiger Energieausweis vor.

Art des Energieausweises

Hier ist zwischen dem Energieverbrauchsausweis und dem Energiebedarfsausweis zu unterscheiden. Beim Energieverbrauchsausweis wird der tatsächliche Energieverbrauch einer Immobilie zu Grunde gelegt und basiert damit im Wesentlichen auf den Energieverbrauchswerten der letzten drei Jahre. Er ist somit stark vom Energieverbrauchsverhalten der jeweiligen Bewohner abhängig und lässt sich daher nicht ohne Weiteres auf die neuen Bewohner übertragen.

Der Energiebedarfsausweis setzt eine umfangreiche bautechnische Untersuchung voraus, in dem der energetische Zustand des Gebäudes in detaillierten Werten dokumentiert wird, wodurch auch konkrete Hinweise zur energetischen Verbesserung der Bausubstanz gegeben werden können.

Grundsätzlich kann zwischen Energieverbrauchsausweis und Energiebedarfsausweis frei gewählt werden, bei Wohngebäuden mit weniger als fünf Wohneinheiten, die vor 1977 gebaut und nicht grundlegend durch spätere Modernisierung das Niveau der ersten Wärmeschutzverordnung von 1977 erreicht haben, ist der Bedarfsausweis jedoch gesetzlich zwingend vorgeschrieben.

Kommerzielle Medien

Hierunter versteht man etwa Zeitungen, Zeitschriften, Webseiten des Immobilienvermittlers im Internet oder Immobilienportale im Internet. Nicht darunter fallen private, kostenfreie Aushänge etwa an sogenannten „Schwarzen Brettern“ z. B in Supermärkten o. Ä.

Vorliegen des Energieausweises

Liegt ein Energieausweis zum Zeitpunkt der Insertion nicht vor, können und müssen auch keine Pflichtangaben erfolgen. Auch die Bußgeldvorschrift knüpft an das tatsächliche Vorliegen eines Energieausweises an. Alte Energieausweise, die vor Inkrafttreten dieses Gesetzes, also dem 1. Mai 2014, ausgestellt wurden, behalten grundsätzlich zwar ihre zehnjährige Gültigkeit gerechnet ab dem Ausstellungsdatum; für die Immobilienanzeigen sind sie jedoch nur zu verwenden, wenn darin auch alle nach der EnEV erforderlichen Angaben aufgeführt sind.

Alte Energieausweise verlieren ihre Gültigkeit, wenn sie keine Angaben zum Energiebedarf oder Energieverbrauch enthalten, welche auch die Warmwasserbereitung beinhaltet, oder wenn die wesentlichen Energieträger für die Heizung des Gebäudes nicht angegeben sind.

Bei Gebäuden, die nicht Wohnzwecken dienen, wie etwa Büro und Werkstattgebäuden, müssen darüber hinaus noch der Energiebedarf und der Energieverbrauch für die Kühlung und die eingebaute Beleuchtung berücksichtigt werden.

Der Energieausweis ist dem Interessenten spätestens bei Besichtigung des Immobilienobjekts vorzulegen. Bei Vertragsabschluss ist dann der Energieausweis im Original oder Kopie auszuhändigen.

Bei Eigentümergemeinschaften gilt die Verpflichtung, den einzelnen Eigentümern bei Verkauf oder Vermietung ihrer Wohnung einen Energieausweis rechtzeitig bereitzustellen sowie die Kosten hierfür zu übernehmen. Dies geschieht in der Regel durch die Hausverwaltung. Dabei werden die Ausweise immer für das gesamte Gebäude ausgestellt und nicht für einzelne Wohnungen.

Anwendungsbereich der Pflichtangaben

Die Pflichtangaben sind in allen Fällen im Vermittlungsbereich von Immobiliengeschäften vorgeschrieben. Sie gelten somit sowohl für den Verkauf als auch für die Vermietung, Verpachtung und im Leasing im Immobilienbereich.

Verantwortlicher für die Angabe der Pflichtangaben

Die Verpflichtung zur Angabe der Pflichtangaben in der Immobilienanzeige trifft den jeweiligen Immobilienbesitzer, also den Verkäufer, Vermieter, Verpächter oder Leasinggeber. Dieser muss sicherstellen, dass die Immobilienanzeige die Pflichtangaben enthält, und zwar selbst dann, wenn er den Immobilienmakler, was der Regelfall sein wird, mit der Insertion beauftragt.

Für den Immobilienmakler können sich dabei jedoch Haftungsrisiken ergeben, wenn er die Pflichtangaben nicht korrekt ausführt oder mögliche Aufklärungspflichten verletzt. Der Verantwortliche könnte den Immobilienmakler dann auf Schadensersatz für das Bußgeld verklagen. Zudem besteht für den Immobilienmakler das Risiko, bei fehlenden, unrichtigen oder unvollständigen Pflichtangaben nach dem Gesetz gegen den unlauteren Wettbewerb verklagt zu werden, da hier ein abmahnfähiger Wettbewerbsvorteil vorliegen kann.

Es sei hier darauf hingewiesen, dass durch das (derzeit noch in Bearbeitung befindliche) neue „Gesetz zur Einsparung von Energie und zur Nutzung Erneuerbarer Energien zur Wärme- und Klimaerzeugung – Gebäudeenergiegesetz – (GEG)“, in welches die Energieeinsparverordnung eingearbeitet werden soll, auch die Immobilienmakler zur Informationspflicht verpflichtet werden sollen.

Ausnahmen von der Energieausweispflicht

Ausgenommen von der Energieausweispflicht sind Baudenkmäler oder besonders erhaltenswerte Gebäude, wenn die geforderten Maßnahmen das Erscheinungsbild des Gebäudes beeinträchtigen würden oder wenn der Aufwand unverhältnismäßig hoch wäre. Auch Gebäude mit einer Nutzfläche von unter 50 m^2 sind hiervon ausgenommen. Weitere Ausnahmen bestehen für Gebäude, die nicht regelmäßig, d.h. weniger als vier Monate im Jahr, genutzt beziehungsweise beheizt oder gekühlt werden, wie etwa Ferien- oder Wochenendhäuser, die überwiegend in der warmen Jahreszeit bewohnt werden. Zudem landwirtschaftliche Gebäude wie Ställe für die Tieraufzucht oder Tierhaltung, Gewächshäuser für Pflanzenaufzucht und -verkauf, Traglufthallen und Zelte, provisorische Gebäude, die jeweils höchstens zwei Jahre lang genutzt werden, sowie Betriebsgebäude, die auf eine Innentemperatur unter 12 ° Celsius beheizt werden.

Bußgeld bei Verstößen gegen die Pflichtangaben

Werden die genannten Pflichtangaben in Immobilienanzeigen durch den Immobilienmakler nicht, nicht richtig oder unvollständig gemacht, hat dieser mit einem Bußgeld in Höhe von bis zu 15.000 € zu rechnen. Zudem droht dem Immobilienmakler bei diesbezüglichen Verstößen neben Haftungsrisiken gegenüber dem Immobilienbesitzer auch eine Abmahnung nach dem Gesetz gegen den unlauteren Wettbewerb (UWG), wegen Vorenthaltens wichtiger Informationen durch Abmahnvereine, Abmahnkanzleien oder Mitbewerber.

Abkürzungen bei den Pflichtangaben

Die Verwendung von Abkürzungen ist grundsätzlich zulässig. Nachdem ein offizielles Abkürzungsverzeichnis vom zuständigen Bundesministerium nicht erstellt wurde, ist darauf zu achten, dass die Abkürzungen vom Laien nicht missverstanden werden können.

Es wird jedoch erwartet, dass die endgültige Klärung der rechtlichen Zulässigkeit dieser Abkürzungen in den nächsten Jahren durch die Rechtsprechung erfolgen wird.

Mögliche Abkürzungen wären etwa:

EVA	für Energieverbrauchsausweis
EBA	für Energiebedarfsausweis
Ko	für Braunkohle, Steinkohle, Koks
Öl	für Heizöl
Gas	für Erdgas, Flüssiggas
FW	für Fernwärme aus Heizwerk oder Kraft-Wärme-Kopplung (KWK) und
HZ	für Brennholz, Holzhackschnitzel, Holzpellets
E	für Elektrische Energie (auch Wärmepumpe),
SH	für Solartherme
Bj	für Baujahr
EEK	für Energieeffizienzklasse A+ bis H

Beispiel für eine Immobilienanzeige mit Pflichtangaben nach EnEV:

Ruhige 2-Zimmer-Wohnung, 60 m^2
Bj 1984, 1. Stock, Lift, Balkon, Parkett, FW, EBK,
Kalt: 650 €, NK 120 €, KT 1950 €
EVA 70 kWh/m^{2}a), EEK B, provisionsfrei
ABC Immobilien, Tel.
@online.de

Das Wichtigste in Kürze:

- Liegt zum Zeitpunkt der Insertion in kommerziellen Medien ein Energieausweis vor, sind bestimmte Energiekennwerte anzugeben.

- Beim Energieausweis ist zwischen dem Energieverbrauchsausweis und dem Energiebedarfsausweis zu unterscheiden.
- Liegt zum Zeitpunkt der Insertion ein Energieausweis nicht vor, können und müssen zu diesem Zeitpunkt auch keine Pflichtangaben erfolgen.
- Der Energieausweis ist dem Interessenten aber spätestens bei Besichtigung des Immobilienobjekts vorzulegen. Bei Vertragsabschluss ist dann der Energieausweis im Original oder Kopie auszuhändigen.
- Zweck des Energieausweises ist es, durch die darin enthaltenen Angaben, den Kauf- oder Mietinteressenten in die Lage zu versetzen, zu erkennen, wie hoch in etwa die Nebenkosten für den Energieverbrauch ausfallen werden.
- Die Verpflichtung zur Angabe der Pflichtangaben in der Immobilienanzeige trifft den jeweiligen Immobilienbesitzer, also den Verkäufer, Vermieter, Verpächter oder Leasinggeber.
- Ausnahmen von der Energieausweispflicht bestehen unter bestimmten Voraussetzungen, etwa bei Baudenkmälern, Gebäuden mit einer Nutzfläche von unter 50 m^2, Ferien- oder Wochenendhäusern, die überwiegend in der warmen Jahreszeit bewohnt werden, sowie bei landwirtschaftlichen Gebäuden.

Hinweis

Grundsätzlich obliegt die Verpflichtung zur Angabe der Pflichtangaben nach der Energieeinsparverordnung dem Verkäufer, Vermieter, Verpächter oder Leasinggeber, allerdings kann nach dem Gesetz über Ordnungswidrigkeiten auch der Makler als Mitverantwortlicher belangt werden. Werden also in einem Inserat fehlerhafte oder falsche Angaben nach der Energieeinsparverordnung gemacht, droht ein Bußgeld.

Viel häufiger ist hier allerdings die Gefahr von wettbewerbsrechtlichen Abmahnungen konkurrierender Unternehmen nach dem Gesetz zur Bekämpfung des unlauteren Wettbewerbs, welche in der Regel mit Kosten von über 1000,– € verbunden sind.

Theoretisch, in der Praxis allerdings schwer nachzuweisen, droht ebenfalls ein Bußgeld oder eine Abmahnung, wenn beim Besichtigungstermin der Energieausweis nicht vorgelegt wird. Dabei genügt es, diesen deutlich sichtbar auszulegen oder auszuhängen. Die Aushändigung bei Vertragsabschluss soll in jedem Fall schriftlich bestätigt werden.

Weiter wird darauf hingewiesen, dass durch das geplante neue „Gesetz zur Einsparung von Energie und zur Nutzung Erneuerbarer Energien zur Wärme- und Klimaerzeugung – Gebäudeenergiegesetz – (GEG)", in welches die Energieeinsparverordnung eingearbeitet werden soll, auch der Immobilienmakler ausdrücklich zur Informationspflicht verpflichtet werden soll.

ENERGIEAUSWEIS für Wohngebäude

gemäß den §§ 16 ff. der Energieeinsparverordnung (EnEV) vom [1]

Gültig bis:

Registriernummer [2]
(oder: „Registriernummer wurde beantragt am...")

1

Gebäude

Gebäudetyp		Gebäudefoto (freiwillig)
Adresse		
Gebäudeteil		
Baujahr Gebäude [3]		
Baujahr Wärmeerzeuger [3, 4]		
Anzahl Wohnungen		
Gebäudenutzfläche (A_N)	☐ nach § 19 EnEV aus der Wohnfläche ermittelt	
Wesentliche Energieträger für Heizung und Warmwasser [3]		
Erneuerbare Energien	Art:	Verwendung:
Art der Lüftung/Kühlung	☐ Fensterlüftung ☐ Schachtlüftung ☐ Lüftungsanlage mit Wärmerückgewinnung ☐ Lüftungsanlage ohne Wärmerückgewinnung	☐ Anlage zur Kühlung
Anlass der Ausstellung des Energieausweises	☐ Neubau ☐ Vermietung/Verkauf ☐ Modernisierung (Änderung/Erweiterung)	☐ Sonstiges (freiwillig)

Hinweise zu den Angaben über die energetische Qualität des Gebäudes

Die energetische Qualität eines Gebäudes kann durch die Berechnung des **Energiebedarfs** unter Annahme von standardisierten Randbedingungen oder durch die Auswertung des **Energieverbrauchs** ermittelt werden. Als Bezugsfläche dient die energetische Gebäudenutzfläche nach der EnEV, die sich in der Regel von den allgemeinen Wohnflächenangaben unterscheidet. Die angegebenen Vergleichswerte sollen überschlägige Vergleiche ermöglichen (**Erläuterungen – siehe Seite 5**). Teil des Energieausweises sind die Modernisierungsempfehlungen (Seite 4).

☐ Der Energieausweis wurde auf der Grundlage von Berechnungen des **Energiebedarfs** erstellt (Energiebedarfsausweis). Die Ergebnisse sind auf **Seite 2** dargestellt. Zusätzliche Informationen zum Verbrauch sind freiwillig.

☐ Der Energieausweis wurde auf der Grundlage von Auswertungen des **Energieverbrauchs** erstellt (Energieverbrauchsausweis). Die Ergebnisse sind auf **Seite 3** dargestellt.

Datenerhebung Bedarf/Verbrauch durch ☐ Eigentümer ☐ Aussteller

☐ Dem Energieausweis sind zusätzliche Informationen zur energetischen Qualität beigefügt (freiwillige Angabe).

Hinweise zur Verwendung des Energieausweises

Der Energieausweis dient lediglich der Information. Die Angaben im Energieausweis beziehen sich auf das gesamte Wohngebäude oder den oben bezeichneten Gebäudeteil. Der Energieausweis ist lediglich dafür gedacht, einen überschlägigen Vergleich von Gebäuden zu ermöglichen.

Aussteller

Ausstellungsdatum Unterschrift des Ausstellers

[1] Datum der angewendeten EnEV, gegebenenfalls angewendeten Änderungsverordnung zur EnEV [2] Bei nicht rechtzeitiger Zuteilung der Registriernummer (§ 17 Absatz 4 Satz 4 und 5 EnEV) ist das Datum der Antragstellung einzutragen; die Registriernummer ist nach deren Eingang nachträglich einzusetzen. [3] Mehrfachangaben möglich [4] bei Wärmenetzen Baujahr der Übergabestation

Muster eines Energieausweises

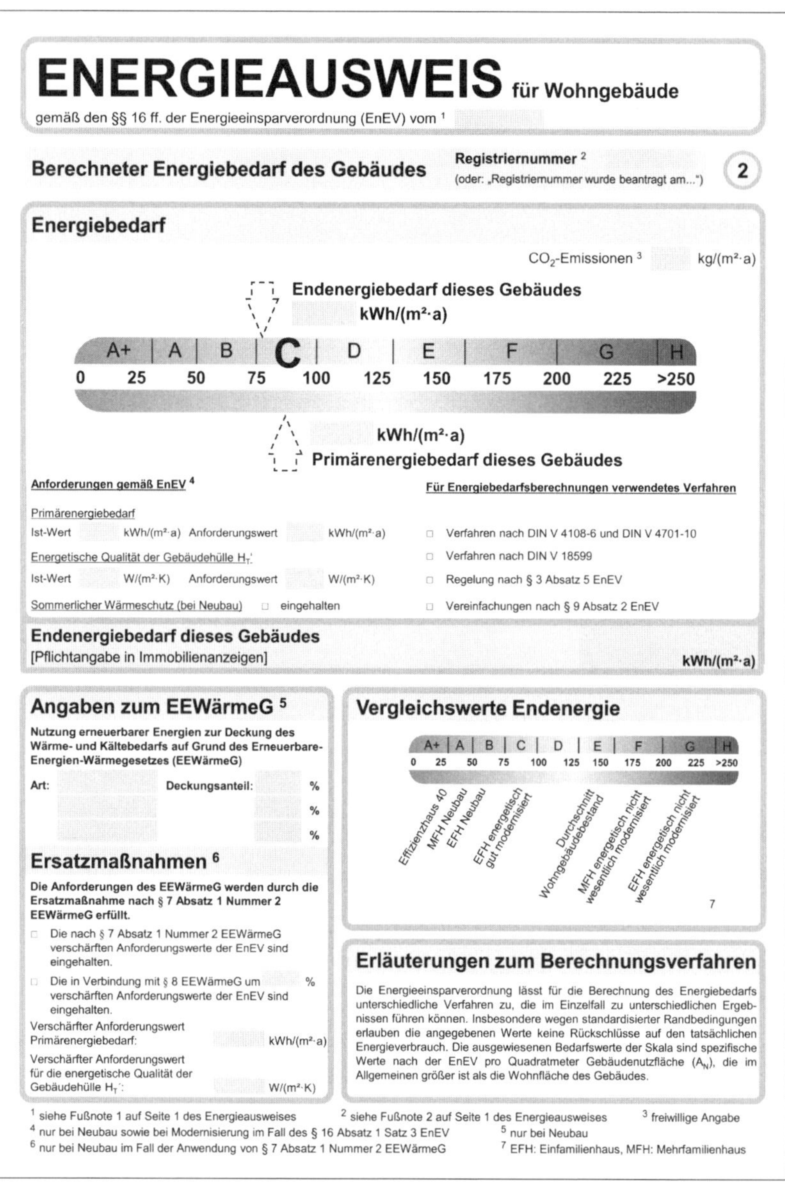

ENERGIEAUSWEIS für Wohngebäude

gemäß den §§ 16 ff. der Energieeinsparverordnung (EnEV) vom [1]

Berechneter Energiebedarf des Gebäudes

Registriernummer [2]
(oder: „Registriernummer wurde beantragt am...")

2

Energiebedarf

CO_2-Emissionen [3] kg/(m²·a)

Endenergiebedarf dieses Gebäudes
kWh/(m²·a)

A+ | A | B | C | D | E | F | G | H

0 25 50 75 100 125 150 175 200 225 >250

kWh/(m²·a)
Primärenergiebedarf dieses Gebäudes

Anforderungen gemäß EnEV [4]

Primärenergiebedarf
Ist-Wert kWh/(m²·a) Anforderungswert kWh/(m²·a)

Energetische Qualität der Gebäudehülle H_T'
Ist-Wert W/(m²·K) Anforderungswert W/(m²·K)

Sommerlicher Wärmeschutz (bei Neubau) □ eingehalten

Für Energiebedarfsberechnungen verwendetes Verfahren

- □ Verfahren nach DIN V 4108-6 und DIN V 4701-10
- □ Verfahren nach DIN V 18599
- □ Regelung nach § 3 Absatz 5 EnEV
- □ Vereinfachungen nach § 9 Absatz 2 EnEV

Endenergiebedarf dieses Gebäudes

[Pflichtangabe in Immobilienanzeigen] **kWh/(m²·a)**

Angaben zum EEWärmeG [5]

Nutzung erneuerbarer Energien zur Deckung des Wärme- und Kältebedarfs auf Grund des Erneuerbare-Energien-Wärmegesetzes (EEWärmeG)

Art: **Deckungsanteil:** %
%
%

Ersatzmaßnahmen [6]

Die Anforderungen des EEWärmeG werden durch die Ersatzmaßnahme nach § 7 Absatz 1 Nummer 2 EEWärmeG erfüllt.

- □ Die nach § 7 Absatz 1 Nummer 2 EEWärmeG verschärften Anforderungswerte der EnEV sind eingehalten.
- □ Die in Verbindung mit § 8 EEWärmeG um % verschärften Anforderungswerte der EnEV sind eingehalten.

Verschärfter Anforderungswert Primärenergiebedarf: kWh/(m²·a)

Verschärfter Anforderungswert für die energetische Qualität der Gebäudehülle H_T': W/(m²·K)

Vergleichswerte Endenergie

A+ | A | B | C | D | E | F | G | H

0 25 50 75 100 125 150 175 200 225 >250

Effizienzhaus 40
MFH Neubau
EFH Neubau
EFH energetisch gut modernisiert
Durchschnitt Wohngebäudebestand
MFH energetisch nicht wesentlich modernisiert
EFH energetisch nicht wesentlich modernisiert
7

Erläuterungen zum Berechnungsverfahren

Die Energieeinsparverordnung lässt für die Berechnung des Energiebedarfs unterschiedliche Verfahren zu, die im Einzelfall zu unterschiedlichen Ergebnissen führen können. Insbesondere wegen standardisierter Randbedingungen erlauben die angegebenen Werte keine Rückschlüsse auf den tatsächlichen Energieverbrauch. Die ausgewiesenen Bedarfswerte der Skala sind spezifische Werte nach der EnEV pro Quadratmeter Gebäudenutzfläche (A_N), die im Allgemeinen größer ist als die Wohnfläche des Gebäudes.

[1] siehe Fußnote 1 auf Seite 1 des Energieausweises [2] siehe Fußnote 2 auf Seite 1 des Energieausweises [3] freiwillige Angabe
[4] nur bei Neubau sowie bei Modernisierung im Fall des § 16 Absatz 1 Satz 3 EnEV [5] nur bei Neubau
[6] nur bei Neubau im Fall der Anwendung von § 7 Absatz 1 Nummer 2 EEWärmeG [7] EFH: Einfamilienhaus, MFH: Mehrfamilienhaus

Muster eines Energieausweises

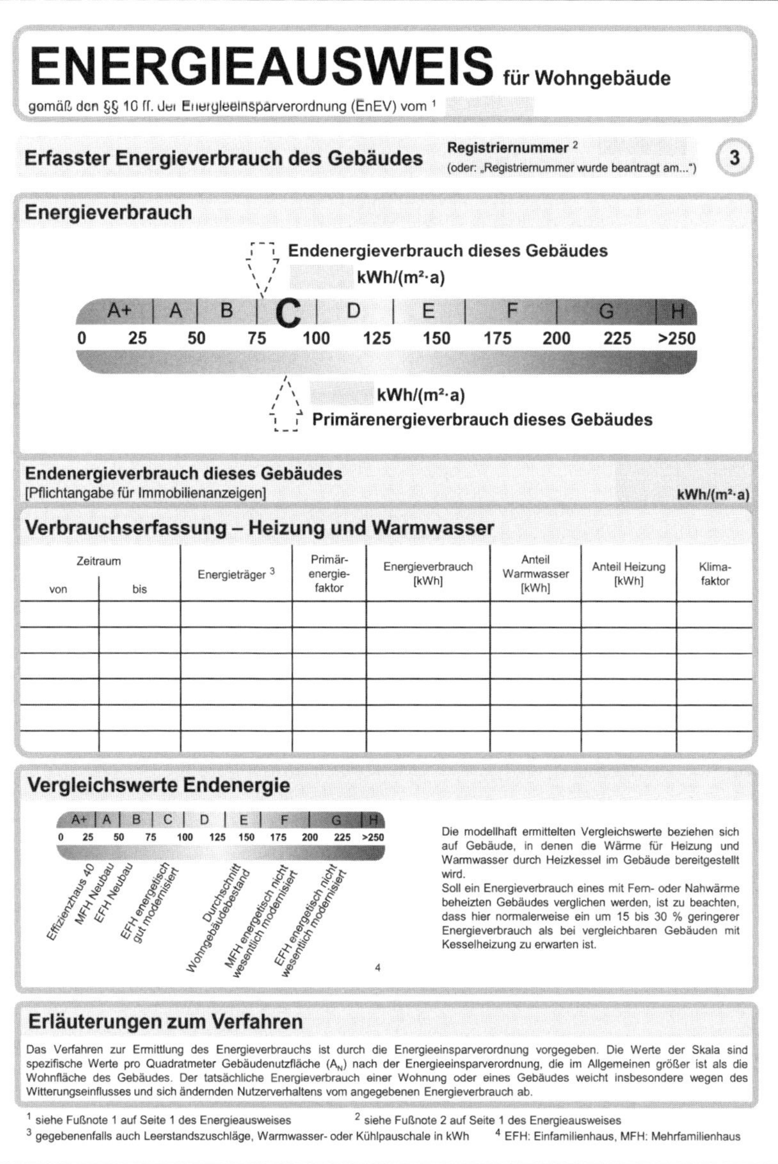

ENERGIEAUSWEIS für Wohngebäude

gemäß den §§ 16 ff. der Energieeinsparverordnung (EnEV) vom [1]

Erfasster Energieverbrauch des Gebäudes

Registriernummer [2]
(oder: „Registriernummer wurde beantragt am...“)

3

Energieverbrauch

Endenergieverbrauch dieses Gebäudes
[Pflichtangabe für Immobilienanzeigen]

kWh/(m²·a)

Verbrauchserfassung – Heizung und Warmwasser

Zeitraum von	Zeitraum bis	Energieträger [3]	Primärenergiefaktor	Energieverbrauch [kWh]	Anteil Warmwasser [kWh]	Anteil Heizung [kWh]	Klimafaktor

Vergleichswerte Endenergie

Die modellhaft ermittelten Vergleichswerte beziehen sich auf Gebäude, in denen die Wärme für Heizung und Warmwasser durch Heizkessel im Gebäude bereitgestellt wird.
Soll ein Energieverbrauch eines mit Fern- oder Nahwärme beheizten Gebäudes verglichen werden, ist zu beachten, dass hier normalerweise ein um 15 bis 30 % geringerer Energieverbrauch als bei vergleichbaren Gebäuden mit Kesselheizung zu erwarten ist.

Erläuterungen zum Verfahren

Das Verfahren zur Ermittlung des Energieverbrauchs ist durch die Energieeinsparverordnung vorgegeben. Die Werte der Skala sind spezifische Werte pro Quadratmeter Gebäudenutzfläche (A_N) nach der Energieeinsparverordnung, die im Allgemeinen größer ist als die Wohnfläche des Gebäudes. Der tatsächliche Energieverbrauch einer Wohnung oder eines Gebäudes weicht insbesondere wegen des Witterungseinflusses und sich ändernden Nutzerverhaltens vom angegebenen Energieverbrauch ab.

[1] siehe Fußnote 1 auf Seite 1 des Energieausweises
[2] siehe Fußnote 2 auf Seite 1 des Energieausweises
[3] gegebenenfalls auch Leerstandszuschläge, Warmwasser- oder Kühlpauschale in kWh
[4] EFH: Einfamilienhaus, MFH: Mehrfamilienhaus

Muster eines Energieausweises

ENERGIEAUSWEIS für Wohngebäude

gemäß den §§ 16 ff. der Energieeinsparverordnung (EnEV) vom [1]

Empfehlungen des Ausstellers

Registriernummer [2]
(oder: „Registriernummer wurde beantragt am...")

4

Empfehlungen zur kostengünstigen Modernisierung

Maßnahmen zur kostengünstigen Verbesserung der Energieeffizienz sind ☐ möglich ☐ nicht möglich

Empfohlene Modernisierungsmaßnahmen

Nr.	Bau- oder Anlagenteile	Maßnahmenbeschreibung in einzelnen Schritten	empfohlen: in Zusammenhang mit größerer Modernisierung	empfohlen: als Einzel-maß-nahme	(freiwillige Angaben): geschätzte Amortisa-tionszeit	(freiwillige Angaben): geschätzte Kosten pro eingesparte Kilowatt-stunde Endenergie
			☐	☐		
			☐	☐		
			☐	☐		
			☐	☐		
			☐	☐		
			☐	☐		
			☐	☐		
			☐	☐		
			☐	☐		
			☐	☐		

☐ weitere Empfehlungen auf gesondertem Blatt

Hinweis: Modernisierungsempfehlungen für das Gebäude dienen lediglich der Information. Sie sind nur kurz gefasste Hinweise und kein Ersatz für eine Energieberatung.

Genauere Angaben zu den Empfehlungen sind erhältlich bei/unter:	

Ergänzende Erläuterungen zu den Angaben im Energieausweis (Angaben freiwillig)

[1] siehe Fußnote 1 auf Seite 1 des Energieausweises

[2] siehe Fußnote 2 auf Seite 1 des Energieausweises

Muster eines Energieausweises

ENERGIEAUSWEIS für Wohngebäude

gemäß den §§ 16 ff. der Energieeinsparverordnung (EnEV) vom [1]

Erläuterungen

5

Angabe Gebäudeteil – Seite 1

Bei Wohngebäuden, die zu einem nicht unerheblichen Anteil zu anderen als Wohnzwecken genutzt werden, ist die Ausstellung des Energieausweises gemäß dem Muster nach Anlage 6 auf den Gebäudeteil zu beschränken, der getrennt als Wohngebäude zu behandeln ist (siehe im Einzelnen § 22 EnEV). Dies wird im Energieausweis durch die Angabe „Gebäudeteil" deutlich gemacht.

Erneuerbare Energien – Seite 1

Hier wird darüber informiert, wofür und in welcher Art erneuerbare Energien genutzt werden. Bei Neubauten enthält Seite 2 (Angaben zum EEWärmeG) dazu weitere Angaben.

Energiebedarf – Seite 2

Der Energiebedarf wird hier durch den Jahres-Primärenergiebedarf und den Endenergiebedarf dargestellt. Diese Angaben werden rechnerisch ermittelt. Die angegebenen Werte werden auf der Grundlage der Bauunterlagen bzw. gebäudebezogener Daten und unter Annahme von standardisierten Randbedingungen (z. B. standardisierte Klimadaten, definiertes Nutzerverhalten, standardisierte Innentemperatur und innere Wärmegewinne usw.) berechnet. So lässt sich die energetische Qualität des Gebäudes unabhängig vom Nutzerverhalten und von der Wetterlage beurteilen. Insbesondere wegen der standardisierten Randbedingungen erlauben die angegebenen Werte keine Rückschlüsse auf den tatsächlichen Energieverbrauch.

Primärenergiebedarf – Seite 2

Der Primärenergiebedarf bildet die Energieeffizienz des Gebäudes ab. Er berücksichtigt neben der Endenergie auch die so genannte „Vorkette" (Erkundung, Gewinnung, Verteilung, Umwandlung) der jeweils eingesetzten Energieträger (z. B. Heizöl, Gas, Strom, erneuerbare Energien etc.). Ein kleiner Wert signalisiert einen geringen Bedarf und damit eine hohe Energieeffizienz sowie eine die Ressourcen und die Umwelt schonende Energienutzung. Zusätzlich können die mit dem Energiebedarf verbundenen CO_2-Emissionen des Gebäudes freiwillig angegeben werden.

Energetische Qualität der Gebäudehülle – Seite 2

Angegeben ist der spezifische, auf die wärmeübertragende Umfassungsfläche bezogene Transmissionswärmeverlust (Formelzeichen in der EnEV: H_T'). Er beschreibt die durchschnittliche energetische Qualität aller wärmeübertragenden Umfassungsflächen (Außenwände, Decken, Fenster etc.) eines Gebäudes. Ein kleiner Wert signalisiert einen guten baulichen Wärmeschutz. Außerdem stellt die EnEV Anforderungen an den sommerlichen Wärmeschutz (Schutz vor Überhitzung) eines Gebäudes.

Endenergiebedarf – Seite 2

Der Endenergiebedarf gibt die nach technischen Regeln berechnete, jährlich benötigte Energiemenge für Heizung, Lüftung und Warmwasserbereitung an. Er wird unter Standardklima- und Standardnutzungsbedingungen errechnet und ist ein Indikator für die Energieeffizienz eines Gebäudes und seiner Anlagentechnik. Der Endenergiebedarf ist die Energiemenge, die dem Gebäude unter der Annahme von standardisierten Bedingungen und unter Berücksichtigung der Energieverluste zugeführt werden muss, damit die standardisierte Innentemperatur, der Warmwasserbedarf und die notwendige Lüftung sichergestellt werden können. Ein kleiner Wert signalisiert einen geringen Bedarf und damit eine hohe Energieeffizienz.

Angaben zum EEWärmeG – Seite 2

Nach dem EEWärmeG müssen Neubauten in bestimmtem Umfang erneuerbare Energien zur Deckung des Wärme- und Kältebedarfs nutzen. In dem Feld „Angaben zum EEWärmeG" sind die Art der eingesetzten erneuerbaren Energien und der prozentuale Anteil der Pflichterfüllung abzulesen. Das Feld „Ersatzmaßnahmen" wird ausgefüllt, wenn die Anforderungen des EEWärmeG teilweise oder vollständig durch Maßnahmen zur Einsparung von Energie erfüllt werden. Die Angaben dienen gegenüber der zuständigen Behörde als Nachweis des Umfangs der Pflichterfüllung durch die Ersatzmaßnahme und der Einhaltung der für das Gebäude geltenden verschärften Anforderungswerte der EnEV.

Endenergieverbrauch – Seite 3

Der Endenergieverbrauch wird für das Gebäude auf der Basis der Abrechnungen von Heiz- und Warmwasserkosten nach der Heizkostenverordnung oder auf Grund anderer geeigneter Verbrauchsdaten ermittelt. Dabei werden die Energieverbrauchsdaten des gesamten Gebäudes und nicht der einzelnen Wohneinheiten zugrunde gelegt. Der erfasste Energieverbrauch für die Heizung wird anhand der konkreten örtlichen Wetterdaten und mithilfe von Klimafaktoren auf einen deutschlandweiten Mittelwert umgerechnet. So führt beispielsweise ein hoher Verbrauch in einem einzelnen harten Winter nicht zu einer schlechteren Beurteilung des Gebäudes. Der Endenergieverbrauch gibt Hinweise auf die energetische Qualität des Gebäudes und seiner Heizungsanlage. Ein kleiner Wert signalisiert einen geringen Verbrauch. Ein Rückschluss auf den künftig zu erwartenden Verbrauch ist jedoch nicht möglich; insbesondere können die Verbrauchsdaten einzelner Wohneinheiten stark differieren, weil sie von der Lage der Wohneinheiten im Gebäude, von der jeweiligen Nutzung und dem individuellen Verhalten der Bewohner abhängen.

Im Fall längerer Leerstände wird hierfür ein pauschaler Zuschlag rechnerisch bestimmt und in die Verbrauchserfassung einbezogen. Im Interesse der Vergleichbarkeit wird bei dezentralen, in der Regel elektrisch betriebenen Warmwasseranlagen der typische Verbrauch über eine Pauschale berücksichtigt: Gleiches gilt für den Verbrauch von eventuell vorhandenen Anlagen zur Raumkühlung. Ob und inwieweit die genannten Pauschalen in die Erfassung eingegangen sind, ist der Tabelle „Verbrauchserfassung" zu entnehmen.

Primärenergieverbrauch – Seite 3

Der Primärenergieverbrauch geht aus dem für das Gebäude ermittelten Endenergieverbrauch hervor. Wie der Primärenergiebedarf wird er mithilfe von Umrechnungsfaktoren ermittelt, die die Vorkette der jeweils eingesetzten Energieträger berücksichtigen.

Pflichtangaben für Immobilienanzeigen – Seite 2 und 3

Nach der EnEV besteht die Pflicht, in Immobilienanzeigen die in § 16a Absatz 1 genannten Angaben zu machen. Die dafür erforderlichen Angaben sind dem Energieausweis zu entnehmen, je nach Ausweisart der Seite 2 oder 3.

Vergleichswerte – Seite 2 und 3

Die Vergleichswerte auf Endenergieebene sind modellhaft ermittelte Werte und sollen lediglich Anhaltspunkte für grobe Vergleiche der Werte dieses Gebäudes mit den Vergleichswerten anderer Gebäude sein. Es sind Bereiche angegeben, innerhalb derer ungefähr die Werte für die einzelnen Vergleichskategorien liegen.

[1] siehe Fußnote 1 auf Seite 1 des Energieausweises

Muster eines Energieausweises

XIII. Vorschriften der Preisangabenverordnung (PAngV)

1. Grundvorschriften

Immobilienmakler, die
- Letztverbrauchern
- gewerbs- oder geschäftsmäßig oder regelmäßig in sonstiger Weise
- Waren oder Leistungen anbieten
- oder als Anbieter von Waren oder Leistungen gegenüber Letztverbrauchern unter Angabe von Preisen werben,

haben die Preise anzugeben, die einschließlich der Umsatzsteuer und sonstiger Preisbestandteile zu zahlen sind (Endpreise). Auf die Bereitschaft, über den angegebenen Preis zu verhandeln, kann hingewiesen werden, soweit es der allgemeinen Verkehrsauffassung entspricht und Rechtsvorschriften nicht entgegenstehen.

Letztverbraucher

Dies sind alle privaten Endverbraucher, welche die angebotenen Waren oder Leistungen für ihren privaten und nicht für ihren beruflichen (gewerblichen, behördlichen oder dienstlichen) Bereich verwenden. Letztverbraucher sind auch selbstständig beruflich (z. B. Freiberufler), selbstständig gewerblich (z. B. Handwerker, Händler, Gastwirte, Industrielle) und unselbstständig behördlich oder dienstlich (z. B. Beamte und Beschäftigte des öffentlichen Dienstes) Tätige, welche die Angebote ausschließlich für ihre privaten Zwecke nutzen und nicht etwa im Rahmen ihrer beruflichen Tätigkeit weiterverwenden. Letztverbraucher ist z. B. der private Nachfrager einer Miet- oder Eigentumswohnung, wenn er diese dann selbst bewohnen will. Letztverbraucher kann aber auch der private Kapitalanleger sein, der ein Objekt nicht selbst gewerblich nutzen, sondern lediglich als reines Anlageobjekt zur privaten Geldanlage erwerben möchte.

Gewerbs- oder geschäftsmäßig

Gewerbsmäßigkeit liegt vor, wenn berufsmäßig in der Absicht dauernder Gewinnerzielung geschäftlich gehandelt wird. Geschäftsmäßigkeit liegt vor, wenn jemand die Wiederholung einer gleichartigen Tätigkeit zum Gegenstand seiner Beschäftigung machen möchte. Im Gegensatz zur Gewerbsmäßigkeit ist die Absicht der Gewinnerzielung nicht notwendig.

Regelmäßig in sonstiger Weise

Hier sind auch die Fälle erfasst, in denen jemand, ohne gewerbs- oder geschäftsmäßig tätig zu sein, wiederholt gegenüber Letztverbrauchern Waren oder Leistungen anbietet oder unter Angabe von Preisen wirbt.

Immobilien sind Waren im Sinne dieser Verordnung.

Waren oder Leistungen

Als Leistung sind die Vermittlung des Abschlusses sowie der Nachweis der Gelegenheit zum Abschluss von Verträgen über Immobilien anzusehen.

Anbieten

Unter einem Angebot ist jedes verbindliche und unverbindliche Angebot, das auf die Abnahme einer Ware oder einer Leistung hinausläuft, zu verstehen. Die angebotene Ware oder Leistung muss jedoch so konkret und detailliert dargestellt werden, dass aus der Sicht des Kaufinteressenten alle zum Abschluss des Geschäfts notwendigen Angaben enthalten sind. Bedarf es ergänzender Angaben und weiterer Verhandlungen, um das Geschäft zum Abschluss zu bringen, liegt lediglich ein „Werben mit Objekten“ vor, da sich der Interessent erst weitere Informationen darüber verschaffen muss, ob dieses Objekt auch tatsächlich seinen Vorstellungen entspricht.

Liegt ein solches Werben vor, steht es dem Anbietenden grundsätzlich frei, ob er Preise angeben will oder nicht. Gibt er jedoch Preise an, unterliegt er der Verpflichtung zur Angabe von Endpreisen.

Auch die Angabe von Teilpreisen, z. B. m^2-Preise, erforderliches Eigenkapital, monatliche Belastung usw., verpflichtet zur Angabe von Endpreisen.

Bei einem Angebot ist die Angabe von „von-bis“- oder „ab“-Preisen sowie „ca.“-Preisen in jedem Fall unzulässig. Zu beachten ist allerdings, dass beim Anbieten von Wohnräumen die Pflicht zur Angabe des Mietpreises bereits dann besteht, wenn der Wohnungstyp oder die Wohnungsgröße und die Ortsangabe genannt sind.

Werbung unter Angabe von Preisen

Dies setzt eine konkrete Preisangabe in Euro voraus. Abstrakte Äußerungen wie „kleine Preise“ oder „günstige Preise“ lösen die Verpflichtung zur Angabe von Endpreisen nicht aus. Wird mit einer konkreten Preisangabe geworben, ist die Angabe von Preisspannen (z. B. „bis 500.000 €“ oder „200.000 bis 350.000 €“) laut Beschluss des Landgerichts Berlin vom 6. 3. 2014, Az. 16 O 64/14, nicht zulässig. Ebenfalls unzulässig ist die Angabe von „ca.“-Preisen.

Endpreis

Endpreis ist der vom Letztverbraucher zu bezahlende Preis einschließlich der Umsatzsteuer und sonstiger Preisbestandteile.

Sonstige Preisbestandteile

Dies kann z. B. das erforderliche Eigenkapital oder der Preis für einen Gartenanteil, Garage oder Abstellplatz, Einbauküche, Hobbyraum und dgl. sein, wenn der Erwerb nur in Verbindung mit dem Objekt möglich ist. Nicht zu den Preisbestandteilen zählen z. B. Notargebühren, Grundbuchgebühren, Maklergebühren, Grunderwerbssteuer oder die Erschließungskosten beim Kauf eines noch nicht erschlossenen Grundstücks. Grundsätzlich besteht auch die Möglichkeit, einzelne Preisbestandteile anzugeben. Dann ist allerdings zusätzlich der Endpreis in hervorgehobener Form herauszustellen.

Beispiel:

3-Zimmer-Eigentumswohnung mit Garage und Einbauküche 110.000,– Euro Immobilien, Tel. …

3-Zimmer-Eigentumswohnung
95 000,– Euro + Garage 5.500,– Euro + Einbauküche 4.500,– Euro

Gesamt 105.000,– Euro Immobilien, Tel. …

Rabattgewährung

Werden Rabatte bzw. Preisnachlässe gewährt, brauchen diese nicht angegeben zu werden. Anzugeben sind vielmehr die Preise, die sich noch um diese Nachlässe verringern. Der zusätzliche Hinweis auf Rabatte bzw. Nachlässe ist jedoch zulässig.

Bereitschaft, über den angegebenen Preis zu verhandeln

Beim Anbieten bzw. Werben unter Angabe von Preisen ist es bei Immobilien zulässig, den angegebenen Preis mit dem Zusatz „Preisvorstellung", „Verhandlungsbasis (VB)" o. Ä. zu versehen.

Ausnahmen von dieser Vorschrift

Einzelangebote, die mündlich und ohne Angabe von Preisen gemacht werden, unterliegen nicht dieser Vorschrift. Ebenso befreit ist das Anbieten von Immobilien im Wege der Versteigerung. Angebote bzw. Werbung unter Angabe von Preisen gegenüber Letztverbrauchern, die die Ware oder Leistung in ihrer selbstständigen beruflichen oder gewerblichen Tätigkeit verwenden, z. B. beim Verkauf von Gewerbegrundstücken, unterliegen ebenfalls nicht dieser Vorschrift. Allerdings muss sichergestellt sein, dass sich das

Angebot oder die Werbung ausschließlich an die genannten Personen richtet. Kommen als Kaufinteressenten, z.B. für Büroflächen, Arztpraxen, Eigentumsläden usw., auch private Kapitalanleger in Betracht, die diese Objekte als reine Geldanlage erwerben möchten, ist die Preisangabenverordnung zu beachten.

2. Leistungen

Immobilienmakler, die Leistungen anbieten, haben ein Preisverzeichnis mit den Preisen für ihre wesentlichen Leistungen aufzustellen. Dieses ist im Geschäftslokal oder am sonstigen Ort des Leistungsangebots und, sofern vorhanden, zusätzlich im Schaufenster anzubringen.

Werden Leistungsangebote über Bildschirmanzeige erbracht und nach Einheiten berechnet, ist eine gesonderte Anzeige über den Preis der fortlaufenden Nutzung unentgeltlich anzubieten.

Leistungen anbieten

Als Leistung sind die Vermittlung des Abschlusses sowie der Nachweis der Gelegenheit zum Abschluss von Verträgen über Immobilien anzusehen.

Preisverzeichnis

Muster eines Preisverzeichnis (Gebührenverzeichnis) siehe Seite 123.

Hinweis

Die Angaben im Preisverzeichnis können auf die wesentlichen Leistungen, die vom Publikum besonders häufig in Anspruch genommen und auch besonders häufig erbracht werden, beschränkt bleiben. Besonders häufig erbrachte Leistungen sind etwa der Nachweis oder die Vermittlung von Kaufverträgen über Immobilien oder Mietverträgen über Wohnräume.

Leistungsangebote über Bildschirmanzeige

Bietet der Immobilienmakler seine Leistungen über Bildschirm an, also z.B. im Fernsehen oder Internet, muss er einen Hinweis darauf einfügen, mit welchen Anzeigekosten der Interessent zu rechnen hat, wenn er sich näher über dieses Angebot informieren möchte. Hier wären also die Kosten für die Telefongebühren pro Minute oder, soweit Kosten hierfür entstehen, bei der Nutzung des Internets anzugeben. Die Information über diese Kosten muss für den Verbraucher kostenfrei sein.

Sonstiger Ort des Leistungsangebots

Dies könnte z. B. beim Wohnungsverkauf oder der -vermietung eine Musterwohnung sein.

Ausnahmen von dieser Vorschrift

Leistungen, die üblicherweise auf Grund von schriftlichen Angeboten oder schriftlichen Voranschlägen erbracht werden, die üblicherweise auf den Einzelfall abgestellt werden, sind nicht in ein Gebührenverzeichnis aufzunehmen, z. B. die Erstellung eines Gutachtens über eine Objektbewertung.

Verstöße gegen die Preisangabenverordnung

Verstöße gegen die Preisangabenverordnung sind Ordnungswidrigkeiten nach dem Wirtschaftsstrafgesetz und können mit Geldbuße geahndet werden.

Das Wichtigste in Kürze:

- Grundsätzlich ist der Endpreis anzugeben, der einschließlich der Umsatzsteuer und sonstiger Preisbestandteile zu zahlen ist.
- Auf die Bereitschaft, über den angegebenen Preis zu verhandeln, kann hingewiesen werden, soweit Rechtsvorschriften nicht entgegenstehen.
- Die Angabe von „von-bis" oder „ab"-Preisen sowie „circa"-Preisen oder die Angabe von Preisspannen ist unzulässig.
- Werden Rabatte bzw. Preisnachlässe gewährt, brauchen diese nicht angegeben werden.
- Der zusätzliche Hinweis auf Rabatte bzw. Nachlässe ist zulässig.
- Im Geschäftslokal oder am sonstigen Ort des Leistungsangebotes ist ein Preisverzeichnis auszustellen.
- Werden Leistungsangebote über Bildschirmanzeige erbracht und nach Einheiten berechnet, ist eine gesonderte Anzeige über den Preis der fortlaufenden Nutzung unentgeltlich anzubieten.

■ CertiFORM

Gebührenverzeichnis

Hinweis:
Nach §§ 1 und 5 Preisangabenverordnung (PangV) i. d. F. vom 1. August 2017 sind Gewerbetreibende, die Verbraucher*innen gegenüber Waren oder Leistungen anbietet, verpflichtet, ihre Preise bzw. Verrechnungssätze in ein Preisverzeichnis aufzunehmen und im Geschäftslokal anzubringen.

I. Erfolgsgebühren

Leistungsangebot: Nachweis der Gelegenheit zum Abschluss eines Vertrages oder Vermittlung eines Vertrages (§ 652 BGB)	Gebührensätze einschl. MwSt. im Normalfall [1])	Berechnungsgrundlage [2])
1. Kaufverträge über Immobilien allgemein		
a) Verkäufer*in		
b) Käufer*in		
2. Kaufverträge über Eigenheime und Eigentumswohnungen von Bauträgern		
a) Bauträger		
b) Käufer*in		
3. Notarielle Vorkaufsrechtsverträge		
a) Eigentümer*in		
b) Vorkaufsberechtigte*r		
4. Erbbaurechtsverträge		
a) Erbbaurechtsgebende		
b) Erbbauberechtigte*r		
5. Mietvertrag über leeren Wohnraum [3])		◀ Monatsmiete ohne abzurechndende Nebenkosten
a) Vermietende		
b) Mietende		◀ Monatsmiete ohne abzurechndende Nebenkosten
6. Aufwendungsersatz: Soweit dieser für den Nichterfolgsfall vereinbart wird, bezieht er sich auf die jeweils konkreten anfallenden Auftragsbearbeitungskosten ohne Arbeitszeit		
7. Sonstiges:		

II. Dienstleistungsgebühren

Leistungsangebot: Verwaltungen, Betreuungen	Gebührensätze einschl. MwSt. [1]) Normalsatz	in schwierigen Fällen	Berechnungsgrundlage [2])
1. Verwaltung von Altmiethausbesitz (Baujahr bis 1949) Vermietende			
2. Verwaltung von Neumiethausbesitz (Baujahr ab 1.1.1950) Vermietende			
3. Verwaltung im Sinne des Wohnungseigentumsgesetzes Wohnungseigentümer*in			
Garageneigentümer*in			
4. Vermögensverwaltung Eigentümer*in			
5. Baubetreuung Bauherr			
6. Sonstiges:			

Ort, Datum Unterschrift

[1]) In Fällen, in denen der Leistungsumfang individuell vereinbart werden muss, wird üblicherweise auch die Gebühr individuell berechnet und vereinbart.
[2]) Berechnungsgrundlage ist die Größe, auf die sich der Gebührensatz bezieht: z. B. die Netto- oder Bruttomonatsmiete oder Hausverwaltungen.
[3]) Zu beachten ist, dass nach § 3 Abs. 2 WoVG von Mietenden nicht mehr als 2 Monatsmieten (plus MwSt. aber ohne Nebenkosten, über die gesondert abzurechnen ist) gefordert werden dürfen.

Muster eines Preisverzeichnis (Gebührenverzeichnis)

XIV. Geldwäsche

Immobilienmakler haben als Verpflichtete des Gesetzes über das Aufspüren von Gewinnen aus schweren Straftaten (Geldwäschegesetz – GwG) die Bestimmungen dieses Gesetzes einzuhalten.

Definition

Unter Geldwäsche versteht man die systematische Tarnung und geschickte Verschleierung von Vermögenswerten durch finanzielle Transaktionen.

Das Gesetz über das Aufspüren von Gewinnen aus schweren Straftaten, kurz Geldwäschegesetz – GwG –, soll dabei helfen, zu verhindern, dass illegal, etwa durch Korruption, Bestechung, Drogen- oder Waffenhandel oder Steuerhinterziehung, erworbene Vermögenswerte in den legalen Finanz- und Wirtschaftskreislauf eingeschleust und so dessen tatsächlichen Herkunft verschleiert wird.

Das Geldwäschegesetz verlangt dabei von den Verpflichteten, bei Bargeldgeschäften ab einem Schwellenwert von 10.000,– € eine Risikoanalyse zu erstellen, die Personalien des Geldgebers festzustellen und verdächtige Transaktionen den zuständigen Behörden zu melden.

> **Hinweis**
>
> Immobilienmakler zählen zu den Verpflichteten.

Risikomanagement

Damit sind Immobilienmakler verpflichtet, ein sogenanntes Risikomanagement, bestehend aus einer Risikoanalyse und internen Sicherungsmaßnahmen, vorzunehmen.

Risikoanalyse

Bei der Risikoanalyse geht es darum, herauszufinden, ob man eventuell in Kontakt mit Personen geraten kann, die sogenanntes Schwarzgeld durch Immobilienkauf „waschen“ wollen.

Diese Risikoanalyse ist zu dokumentieren und mindestens fünf Jahre aufzubewahren.

Hinweis

Dem Immobilienmakler steht hierzu ein elektronisches Transparenzregister zur Verfügung, welches vom Bundesanzeiger Verlag GmbH, im Auftrag der Bundesregierung, betrieben wird und über welches er unter www.transparenzregister.de Auskünfte über den Vertragspartner einholen kann.

Interne Sicherungsmaßnahmen

Die internen Sicherungsmaßnahmen sollen sicherstellen, ein Geldwäschegeschäft zu erkennen und zu verhindern.

Geeignete Sicherungsmaßnahmen sind etwa:

- die Ausarbeitung von internen Grundsätzen, Verfahren und Kontrollen in Bezug auf Geldwäsche
- die Bestellung eines Geldwäschebeauftragten und seines Stellvertreters
- für Verpflichtete, die Mutterunternehmen einer Gruppe sind, die Schaffung von gruppenweiten Verfahren
- die Schaffung und Fortentwicklung geeigneter Maßnahmen zur Verhinderung des Missbrauchs von neuen Produkten und Technologien zur Begehung von Geldwäsche und von Terrorismusfinanzierung oder für Zwecke der Begünstigung der Anonymität von Geschäftsbeziehungen oder von Transaktionen
- die Überprüfung der Mitarbeiter auf ihre Zuverlässigkeit durch geeignete Maßnahmen, insbesondere durch Personalkontroll- und Beurteilungssysteme der Verpflichteten
- die erstmalige und laufende Unterrichtung der Mitarbeiter in Bezug auf Typologien und aktuelle Methoden der Geldwäsche und der Terrorismusfinanzierung sowie die insoweit einschlägigen Vorschriften und Pflichten, einschließlich Datenschutzbestimmungen
- die Überprüfung der zuvor genannten Grundsätze und Verfahren durch eine unabhängige Prüfung, soweit diese Überprüfung angesichts der Art und des Umfangs der Geschäftstätigkeit angemessen ist.

Identitätsfeststellung

Der Immobilienmakler ist verpflichtet, die Identität seines Vertragspartners feststellen.

Dies geschieht bei natürlichen Personen anhand eines gültigen amtlichen Ausweises, der ein Lichtbild des Inhabers enthält und mit dem die Pass- und Ausweispflicht im Inland erfüllt wird, insbesondere anhand eines inländischen oder nach ausländerrechtlichen Bestimmungen anerkannten oder zugelassenen Passes, Personalausweises oder Pass- oder Ausweisersatzes.

Juristische Personen oder Personengesellschaften werden anhand eines Auszugs aus dem Handels- oder Genossenschaftsregister oder einem vergleichbaren amtlichen Register oder Verzeichnis registriert. Auch Gründungsdokumente oder gleichwertige beweiskräftige Dokumente oder die Einsichtnahme in die Register- oder Verzeichnisdaten sind geeignet für die Identifizierung.

Hinsichtlich der Aufbewahrung dieser Unterlagen, etwa bei Ausweiskopien, die zu den Akten gelegt werden, ist zu beachten, dass diese nach den Datenschutzrichtlinien, mit Ausnahme der Strafvollzugsbehörden, nicht an Dritte weitergegeben werden dürfen.

Zeitpunkt diese Maßnahmen

Die oben genannten Maßnahmen sind durchzuführen, sobald ein ernsthaftes Interesse des Kunden besteht.

Dies liegt etwa vor, wenn:

- eine der Vertragsparteien von der anderen den Vertrag erhalten hat;
- eine Reservierungsvereinbarung oder ein Vorvertrag abgeschlossen wurde;
- eine Reservierungsgebühr gezahlt wurde.

Verdachtsfälle

Diese sind insbesondere dann gegeben, wenn:

- ein Kunde bereit ist, einen weit überhöhten Preis zu bezahlen;
- den Kaufpreis oder Teile davon als Vorschuss bar bezahlen will;
- der Kunde will, dass im Notarvertrag ein geringerer als der tatsächlich zu bezahlende Preis beurkundet wird und der restliche Betrag unter der Hand weitergegeben wird;
- der Kunde offensichtlich als Strohmann fungiert;
- der Kunde auf Anonymität beharrt;
- der Kaufpreis offensichtlich nicht mit der beruflichen oder wirtschaftlichen Qualifikation des Kunden in Einklang steht;
- ein Kaufobjekt erworben wird, ohne dass der Kunde einen festen Wohnsitz in der Bundesrepublik anstrebt.

Hinweis

Liegt ein Verdacht auf Geldwäsche vor, muss der Immobilienmakler dies der Zentralstelle für Finanztransaktionsuntersuchungen (FIU) bei der Generalzolldirektion melden. Dies geschieht in der Regel elektronisch über das Portal www.goaml.fiu.bund.de. Hierzu ist vorab eine Registrierung erforderlich.

Verstoß gegen das Geldwäschegesetz

Verstöße können mit Geldbuße bis zu 100.000.– € geahndet werden. Aus der Praxis sind Fälle bekannt, in denen Verstöße mit Geldbußen im unteren vierstelligen Bereich geahndet wurden. Gegebenenfalls können auch strafrechtlich relevante Tatbestände vorliegen, etwa wenn der Makler als Helfer des Geldwäschers fungiert oder dessen Handeln billigend in Kauf nimmt.

Das Wichtigste in Kürze:

- Unter Geldwäsche versteht man die systematische Tarnung und geschickte Verschleierung von Vermögenswerten durch finanzielle Transaktionen.
- Immobilienmakler sind Verpflichtete im Sinne des Geldwäschegesetzes.
- Immobilienmakler sind verpflichtet, ein sogenanntes Risikomanagement, bestehend aus einer Risikoanalyse und internen Sicherungsmaßnahmen, vorzunehmen.
- Immobilienmakler sind verpflichtet, die Identität des Vertragspartners festzustellen, sobald ein ernsthaftes Interesse des Kunden besteht.
- Liegt ein Verdacht vor, ist dieser der Zentralstelle für Finanztransaktionsuntersuchungen (FIU) bei der Generalzolldirektion unter www.goaml.fiu.bund.de zu melden.
- Verstöße können mit Geldbuße bis zu 100.000,– € geahndet werden.

XV. Geschäftsbedingungen des Immobilienmaklers

Der Immobilienmakler hat grundsätzlich die Möglichkeit, Verträge mit seinen Kunden im Rahmen der Vertragsfreiheit frei zu gestalten. Dabei kann er dies im Rahmen von Allgemeinen Geschäftsbedingungen oder im Wege von Individualvereinbarungen tun. Im Rahmen eines rationell und wirtschaftlich ablaufenden Geschäftsbetriebes wird der Immobilienmakler nicht umhinkommen, sich vorformulierter Vertragsbedingungen zu bedienen, die für die Vielzahl der von ihm zu erbringenden Leistungen Gültigkeit haben. Bei Verwendung solch Allgemeiner Geschäftsbedingungen hat der Immobilienmakler allerdings zu beachten, dass die vom Leitbild des § 652 BGB abweichende freie Vertragsgestaltung durch die Rechtsprechung und die §§ 305 ff. BGB weitgehend eingeschränkt worden ist.

Für Individualvereinbarungen, also Verträge, bei denen der Kunde die Möglichkeit hatte, entscheidend auf den Vertragsinhalt einzuwirken, gelten solche Beschränkungen nicht. Diese sind nur dann rechtsunwirksam, wenn sie gegen die guten Sitten, d.h. gegen das Anstandsgefühl aller billig und gerecht denkender Bürger, oder gegen eine gesetzliche Bestimmung verstoßen. In der Praxis des Immobilienmaklers ist dabei insbesondere die Zulässigkeit nachfolgend aufgeführter Vereinbarungen im Rahmen Allgemeiner Geschäftsbedingungen oder durch Individualvereinbarung von Bedeutung.

Vertragsstrafe

Durch bestimmte Verhaltensweisen seiner Auftraggeber kann der Provisionsanspruch des Immobilienmaklers gefährdet werden. In Maklerverträgen werden deshalb häufig Pflichten begründet, deren Verletzung die Zahlung einer Vertragsstrafe auslöst. Solche Vertragsstrafen können durch Allgemeine Geschäftsbedingungen nicht mehr rechtswirksam vereinbart werden.

> **Hinweis**
>
> Im Wege einer Individualvereinbarung sind solche Vertragsvereinbarungen jedoch zulässig.

Pauschalierter Schadensersatz

Eine Vereinbarung über den Ersatz von Aufwendungen ist sowohl für den Erfolgsfall als auch für den Nichterfolgsfall möglich. Diese Aufwendungen, deren Höhe gegebenenfalls im Einzelnen nachgewiesen werden muss und die nicht unangemessen hoch sein dürfen, umfassen jedoch keine Entschädigung für den vergeblichen Arbeitsaufwand. Will der Makler jedoch auch für seinen vergeblichen Arbeitszeitaufwand entschädigt werden, kann er dies, meist in Form eines Pauschalbetrages, sowohl im Wege einer Individualvereinbarung als auch im Rahmen Allgemeiner Geschäftsbedingungen vereinbaren.

Hinweis

Auch hier ist zu berücksichtigen, dass diese Vergütung für seinen Arbeitszeitaufwand nicht unangemessen hoch sein darf.

Vorkenntnisklausel

Ein Provisionsanspruch des Maklers entsteht nur dann, wenn die von ihm entfaltete Vermittlungs- oder Nachweistätigkeit zumindest mitursächlich für das Zustandekommen eines Vertrages war. Besonders bei der Nachweistätigkeit des Maklers wird nach Abschluss des Geschäfts vom Auftraggeber häufig die Behauptung der Vorkenntnis eingebracht, wonach diesem das Objekt bereits vorher bekannt war. Die Beweislast trifft den Makler, d. h., er muss beweisen, dass der Auftraggeber keine Vorkenntnis hatte, also die Maklertätigkeit (mit)ursächlich war; das wird oftmals schwierig sein. Es wird deshalb versucht, durch Vorkenntnisklauseln, wonach dem Auftraggeber auferlegt wird, die Kenntnis eines nachgewiesenen Objekts innerhalb einer bestimmten Frist mitzuteilen, diese Beweislast einzuschränken. Erfolgt innerhalb der angegebenen Frist keine Mitteilung des Auftraggebers, soll die spätere Einrede, das Objekt sei bereits bekannt gewesen, nicht mehr möglich sein.

Hinweis

Solche Klauseln sind jedoch nur dann wirksam, wenn die Frist zur Abgabe einer solchen Erklärung als angemessen anzusehen ist. Da die Frage, wann eine solche Frist als angemessen anzusehen ist, im Einzelfall immer wieder zu Auslegungsschwierigkeiten führt, ist es ratsam, solche Vereinbarungen nur im Wege der Individualvereinbarung auszuhandeln.

Rückfrageklausel

In Maklerverträgen, etwa bei der Wohnungsvermittlung, finden sich oftmals Klauseln, wonach sich der Interessent zu verpflichten hat, vor dem Abschluss des beabsichtigten Mietvertrages unter Angabe von Name und Anschrift des Vermieters beim Makler rückzufragen, ob die Zuführung dieses Vertragspartners durch die Nachweistätigkeit des Maklers veranlasst wurde. Solche Klauseln sind im Rahmen Allgemeiner Geschäftsbedingungen unwirksam und nur durch entsprechende Individualvereinbarung möglich.

Provisionsklausel/Folgegeschäfte

Werden nach einer Vermittlung oder einem erbrachten Nachweis durch einen Makler von den zusammengeführten Parteien weitere Verträge abgeschlossen, spricht man von sogenannten Folgegeschäften. Denkbar wäre dies etwa, wenn nach der Vermittlung eines Mietvertrages über eine Eigentumswohnung der Auftraggeber zu einem späteren Zeitpunkt die Wohnung vom Eigentümer kauft. Solche Folgegeschäfte sind grundsätzlich nicht provisionspflichtig. Allgemeine Geschäftsbedingungen, die eine Provision für solche Folgegeschäfte vorsehen, sind somit unwirksam.

Hinweis

In engen Grenzen können Provisionen für Folgegeschäfte allerdings im Wege der Individualvereinbarung vereinbart werden. Hier ist von einem Schenkungscharakter dieser Folgeprovision auszugehen. Das Ursprungsgeschäft und das Folgegeschäft müssen dabei jedoch in einem zeitlichen Zusammenhang stehen, der fünf Jahre nicht überschreiten darf.

Provisionsklausel für Ersatzgeschäfte

Wurde bereits vor Zustandekommen eines Vertrages vereinbart, dass eine Provisionspflicht auch bei einem anderen als dem zunächst beabsichtigten Vertrag entsteht, z. B. Kauf statt Miete usw., liegt im Gegensatz zum Folgegeschäft ein sogenanntes Ersatzgeschäft vor. Obwohl auch hier solche Vereinbarungen im Rahmen Allgemeiner Geschäftsbedingungen unwirksam sind, ist eine Vereinbarung im Wege der Individualvereinbarung unbegrenzt möglich.

Klausel für erfolgsunabhängige Provision

Im Rahmen der Vertragsfreiheit ist eine Vereinbarung, wonach der Makler auch bei Erfolglosigkeit seiner Bemühungen einen Provisionsanspruch erwirbt, grundsätzlich möglich. Die Vereinbarung einer solchen erfolgsunabhängigen Provision ist jedoch nicht durch Allgemeine Geschäftsbedingungen, sondern ausschließlich durch Individualvereinbarung möglich. Eine solche Vereinbarung muss jedoch so klar und unmissverständlich sein, dass über deren Inhalt und Bedeutung auch nicht die geringsten Zweifel entstehen können.

Bei der Wohnungsvermittlung sind allerdings die Einschränkungen nach dem Gesetz zur Regelung der Wohnungsvermittlung zu beachten. Da dem Makler eine Vergütung hier nur bei Zustandekommen eines Mietvertrages infolge seiner Vermittlung oder infolge seines Nachweises zusteht und abweichende Vereinbarungen unwirksam sind, ist hier eine solche Klausel auch nicht im Wege der Individualvereinbarung möglich, da sie dann gegen eine gesetzliche Bestimmung verstoßen würde.

Tipps zur praktischen Durchführung:

Wie die angeführten Beispiele zeigen, ist die Aufstellung von rechtswirksamen Allgemeinen Geschäftsbedingungen nicht einfach. Sie setzt eine genaue Kenntnis des Gesetzes sowie den jeweiligen Stand der Rechtsprechung voraus. Zudem kann derjenige, der Allgemeine Geschäftsbedingungen, die nach den Bestimmungen dieses Gesetzes unwirksam sind, vereinbart oder für den rechtsgeschäftlichen Verkehr empfiehlt, von den zuständigen Berufs- und Verbraucherverbänden auf Unterlassung bzw. auf Widerruf in Anspruch genommen werden.

Es kann dem Immobilienmakler deshalb eigentlich nur angeraten werden, sich bei der Aufstellung von Allgemeinen Geschäftsbedingungen der Hilfe eines versierten Rechtsbeistandes zu bedienen oder solche in Formularverträgen zu benutzen, die jeweils rechtlich überprüft und auf den neuesten Stand der Rechtsprechung gebracht worden sind.

Das Wichtigste in Kürze:

- Vertragliche Angelegenheiten können im Rahmen der Vertragsfreiheit grundsätzlich frei gestaltet werden.
- Vorformulierte Vertragsbedingungen, sog. Allgemeine Geschäftsbedingungen, können durch die Rechtsprechung eingeschränkt werden und unter Umständen so an Gültigkeit verlieren.
- Individualvereinbarungen hingegen sind nur unwirksam, wenn sie gegen die guten Sitten, d. h. gegen das Anstandsgefühl aller billig und gerecht denkender Bürger, oder gegen eine gesetzliche Bestimmung verstoßen.

XVI. Akquise von Neukunden

Um als Immobilienmakler erfolgreich zu sein oder zu bleiben, sind Sie darauf angewiesen, neue Kunden zu gewinnen. Unter dem Begriff Akquise, aus dem lateinischen acquirere für erwerben oder anschaffen, fasst man alle Maßnahmen zur Neukundengewinnung zusammen. Solche Maßnahmen sind etwa:

- Werbung in Zeitungen, Zeitschriften oder sonstigen Printmedien.
- Werbeplakate, Papierflyer und Broschüren.
- E-Mail-Werbung.
- Mailing, also durch Massenpostsendung, welche entweder persönlich adressiert, teiladressiert mit Straße, Hausnummer und Postleitzahl oder unadressiert als Wurfsendungen verbreitet werden.
- Suchmaschinen-Marketing (SEM abgekürzt aus dem Englischen für Search Engine Marketing), ein Teil des Online-Marketings, wo versucht wird, die eigene Website in ihrer Gestaltung zu optimieren oder in verschiedenen Suchmaschinen durch Schaltung kostenpflichtiger Online-Anzeigen, sogenannter Awards, möglichst weit vorne zu positionieren. Kostengünstiger sind Eintragungen in lokale Online-Branchenbücher, wie etwa Google My Business.
- Werbung in Newslettern, also regelmäßig erscheinenden Informationsblättern oder Internetbeiträgen.
- Teilnahme an sozialen Netzwerken wie etwa Xing oder Linkedin.
- Telefonmarketing, das fernmündliche Inkontakttreten mit dem Kunden.
- Persönliche Kontaktaufnahme durch das Gespräch, etwa bei Messen, Ausstellungen, Informationsabenden, Diskussionsrunden, Stammtischen, Konferenzen oder auch Wohltätigkeits- oder Sportveranstaltungen.

Manche Formen der Akquise von Neukunden sind durch gesetzliche Vorschriften, wie die Datenschutz-Grundverordnung (DSGVO) sowie das Gesetz gegen den unlauteren Wettbewerb (UWG), eingeschränkt. Hierbei ist wiederum zwischen der sogenannten Kaltakquise und der Warmakquise zu unterscheiden.

Kaltakquise

Darunter versteht man das erstmalige Zugehen auf einen möglichen neuen Kunden, sowohl Privatpersonen (auch Business to Customer, abgekürzt B2C genannt) als auch Geschäftskunden (Business to Business, abgekürzt B2B), zu dem vorher noch kein Kontakt bestanden hat. Die häufigsten Formen hierzu sind Telefonanrufe, E-Mails, SMS, Faxe, Briefe, aber auch die direkte Ansprache zählt dazu. Da diese Form der Ansprache von vielen Kunden jedoch als aufdringlich und störend empfunden wird, unterliegt sie rechtlichen Bestimmungen nach der Datenschutz-Grundverordnung sowie dem Gesetz gegen den unlauteren Wettbewerb. So ist die Kaltakquise an Privatkunden nach den Datenschutzbestimmungen verboten, wenn keine ausdrückliche Genehmigung vorliegt. Der künftige Kunde müsste also vorher zugesagt haben, dass er einverstanden ist, kontaktiert zu werden. Diese Zusage sollte in schriftlicher Weise festgehalten werden, da mündliche Zusagen im Zweifelsfall kaum nachzuweisen wären. Diese Regelung gilt grundsätzlich auch bei Geschäftskunden.

Ausnahmen vom Verbot der Kaltakquise

Wie oben erwähnt, müsste bei der Kaltakquise von Privatkunden vorher deren Genehmigung zur Kontaktaufnahme eingeholt werden. In der Praxis wird dies dem Immobilienmakler in aller Regel nicht möglich sein. Bestimmte Unternehmen haben sich darauf spezialisiert, in großem Stil mit Daten potentieller Kunden zu handeln; darunter auch Kunden, die für den Immobilienmakler in Frage kommen könnten. Legal ist diese Form des Datenhandels allerdings nur dann, wenn diese Unternehmen versichern, dass die Personen, mit deren Daten gehandelt wird, dem werbemäßigen Erstkontakt zugestimmt haben. Für den Immobilienmakler, der von solchen Unternehmen Daten erwirbt, wäre dies eine Möglichkeit, auf zulässige Weise mit potentiellen Kunden Kontakt aufzunehmen.

Hinweis

Auch bei Geschäftskunden ist die Kaltakquise verboten, allerdings besteht hier eine Ausnahme, nämlich dann, wenn ein mutmaßliches Interesse an dem Angebot besteht. Ein solches ist vorhanden, wenn ein nachvollziehbarer Zusammenhang zwischen Angebot und dem angesprochenen Unternehmen besteht. Dies wäre etwa der Fall, wenn ein Bauträger Wohnungen zum Verkauf anbietet und der Makler diesem seine Dienste in genannter Weise anbietet.

Der Versand von Briefen, sowohl an Privat- als auch Geschäftskunden, ist im Rahmen der Kaltakquise erlaubt, wenn diese eine persönliche Adressierung haben. Eine Teiladressierung etwa nur mit Straße, Hausnummer und Postleitzahl genügt nicht.

Warmakquise

Hierunter versteht man das Zugehen auf Kunden, mit denen bereits einmal eine Geschäftsbeziehung bestand oder eine anderweitige Kommunikation, etwa auf Messen, stattgefunden hat. Dies können auch flüchtige Bekanntschaften, wie beispielsweise nach kurzen Treffen oder über soziale Netzwerke, sein.

Hinweis

Hier ist die Kontaktaufnahme einfacher, da die Beschränkungen nach den Datenschutzbestimmungen und dem Gesetz gegen den unlauteren Wettbewerb nicht gelten.

Das Wichtigste in Kürze:

- Unter dem Begriff Akquise versteht man die Gewinnung von Neukunden durch verschiedene Werbemaßnahmen.
- Hierbei unterscheidet man zwischen Kaltakquise und Warmakquise.
- Die Kaltakquise, sowohl an Privat- als auch an Geschäftskunden, unterliegt den Beschränkungen der Datenschutz-Grundverordnung sowie dem Gesetz gegen den unlauteren Wettbewerb.
- Die Warmakquise unterliegt diesen Beschränkungen nicht.

Stichwortverzeichnis

A
Abkürzungen 111
Ablösevereinbarung 83
Ablösezahlung 82
Abmeldung 33
Abstandsvereinbarung 82
Abstandszahlung 82
abweichende Vereinbarungen 66, 75, 79, 83
Akquise 132
Allgemeine Geschäftsbedingungen 128
Anbieten 119
Anzeige 59
Anzeige der gewerblichen Tätigkeit 31
Anzeigepflicht 31, 59
Anzeigepflicht gegenüber der Behörde 50
anzeigepflichtige Personen 33
Aufbewahrung 66
Aufbewahrung, Frist 66
Aufbewahrung, Ort 66
Aufbewahrungsfrist 66
auffälliges Missverhältnis 83
Aufgabe des Betriebes 31, 32
Aufrechnungsrecht 56
aufschiebende Bedingung 96
Auftraggeber 52, 82
Auftragsannahme 64
Aufzeichnungspflicht 50, 60
Auskunft 56
Auskunft gegenüber Behörden 46
Auskunftspflicht 26
Aussageverweigerung 47
außerordentliche Prüfung 68

B
Bauträger 50
Beherbergungsgewerbe 72
Behördliche Erlaubnis 11
Berufsspezifische Qualifikationen 26
Bestellerprinzip 77
Betriebsstätte 31
Beweislast 95
Buchführungspflicht 50, 60
Bürgen 52
Bürgschaft 49, 52, 57
Bürgschaftsversicherung 49
Bußgeld 110

D
Datenschutzverletzung 39
Datenträger 76
Doppeltätigkeit 77, 100
DSGVO 38

E
Einlagen 41
Endpreis 120
Energieausweis 108
Energieausweispflicht 110
Energieeinsparverordnung 108
Entgelt 72, 79, 82
Erforderliche Auskünfte 46
Erlaubnis 11
Erlaubnis, Befreiung 51
Erlaubnis, Geltungsdauer 17
Erlaubnis nach § 34c GewO 42
Erlaubnispflicht 11
Erlaubnispflicht, Ausnahmen 13
Erlaubnis, Widerruf 17
Ersatzgeschäfte 130
Ersatz von Aufwendungen 96
EU 54, 58, 59, 63, 66, 67, 69

F
Fernabsatz 102
Fernkommunikationsmittel 102, 103
Folgegeschäfte 130
Freie Mitarbeiter 12, 19
Fremde Gelder 49

Fremdenverkehr 72
Führungszeugnis 16

G
Gebührenforderung 81
Gebührenverzeichnis 121
Geldbuße 79, 93, 127
Geldwäsche 124
Geldwäschebeauftragter 125
Geldwäschegesetz 124
Geschäftstätigkeit 118
Geschäftszeiten 47
getrennte Vermögensverwaltung 55
Gewerbeanzeige 31
Gewerbezentralregister 16
Gewerbsmäßigkeit 11, 118
Gewinnerzielungsabsicht 11
GmbH & Co. KG 15
grenzüberschreitende Geschäfte 43
grundstücksgleiche Rechte 12
Grundstücksverkäufe 95

H
Handelsgewerbetreibende 102
Handelsvertreter 12, 19
Hauptvertrag 95
Hausverwalter 12, 50
Hilfspersonal 55
Hinweis auf Nebenleistungen 85
Höhe der Vergütung 98
Homepage 27, 41

I
Identitätsfeststellung 125
Impressum 45
Impressumspflicht 41
Individualvereinbarungen 128
Informationspflicht 39, 50, 63
Inkassovollmacht 53, 57
Insolvenzverfahren 17
Interessenkollision 100

J
Juristische Personen 14, 59
Juristische Personen des öffentlichen Rechts 57

K
Kaltakquise 132
Kaufleute 57
Kaufmannseigenschaft 58
Kautionsversicherung 49
Kommerzielle Medien 108
Koppelungsgeschäfte 81
Körperschaften des öffentlichen Rechts 53
Kreditinstitute 53, 56
Kundendaten 38
Kundengelder 70

L
lesbare Erklärung 76
Letztverbraucher 118

M
MaBV 49
Maklerprovision 91, 93
Maklerprovision, Wohnraumvermittlung 78
Makler- und Bauträgerverordnung 49, 70
Maklervertrag 94
Mangel an Urteilsvermögen 91
Mietvertrag 75
Mietverträge über Wohnräume 71
Missverhältnis 92
Mitteilungspflichten 64
Monatsmiete 80

N
Nachschau 47
Nachschaurecht 46
Nachweis 75
Nachweis der Gelegenheit 12

nachweisende Tätigkeit 94
natürliche Personen 14
Nobonkosten 92
Nebenleistungen 81
Nichtigkeit 77

O
objektbezogene Verwendung 54
Offenlegung 56
öffentliche Förderung 74
Öffentlich-rechtliches Sondervermögen 57
Online Dispute Resolution 44
Ordnungswidrigkeit 28, 45, 70, 79, 86

P
Person des Erklärenden 76
Pfandrecht 56
Pflichtangaben 41, 42, 45
Pflichten des Maklers 50
Pflichtmitteilungen 36
Präsenzform 67
Preisangabenverordnung 85, 118
Preisbestandteile 120
Preisverzeichnis 121
Provision, erfolgsunabhängig 130
Provisionsanspruch 74
Provisionsanspruch, Verwirkung 100
Provisionsanspruch, Zustandekommen 93
Provisionsklausel 130
Provisionsteilung 98
Provisionsverbot 73, 74
Prüfer 68, 69

R
Rabatte 120
Rechnungslegung 58
Rechnungslegungspflicht 58
Reservierungsvereinbarung 96
Risikoanalyse 124
Risikomanagement 124
Rückforderung 84
Rückfrageklausel 129

S
Schadensersatz 128
Schriftform 75
Selbststudium 67
Sicherheit 47, 57
Sicherheitsleistung 51, 52, 53
Sicherstellung 55
Sicherungsmaßnahmen 125
Social Media 45
Sozialwohnung 74
stillschweigend vereinbart 97
Streitbeilegungsverfahren 44

T
Teilzeitnutzung 13
Telemediengesetz 41
Terrorismusfinanzierung 125
Textform 63, 72, 75, 76
Time-Sharing 13

U
Überwachung 46
üblicher Lohn 98
UG (haftungsbeschränkt) 14
Unerfahrenheit 91
Unselbstständige Betriebsleiter 59
Unternehmer 102
Unternehmergesellschaft 14
Ursächlichkeit 75, 95

V
Verbraucher 103
Verjährungsfrist 84
Verlegung des Betriebes 31, 32
vermittelnde Tätigkeit 94
Vermittlung 11, 74
Vermittlungsauftrag 84
Vermögenswerte 51, 52, 54
Verpflichtete 124
Versagung der Erlaubnis 16

Versicherung 53
Versicherungsunternehmen 53
Verträge über Grundstücke 12
Vertragsfreiheit 130
Vertragsstrafe 128
Vertragsverhandlungen 64
Vertrauensschadenversicherung 53
Verwalter im Sinne des Wohnungseigentumsgesetzes 13, 51
Vorkenntnisklausel 129
Vorschüsse 75

W

Waren 119
Warmakquise 133
Weiterbildung 24, 26, 28, 67
Weiterbildungsmaßnahmen 27
Weiterbildungspflicht 20
Werbung 63, 84
Werbung unter Angabe von Preisen 119
Wertpapiere 56
Widerruf der Erlaubnis 17
Widerrufsrecht 102, 103
Willensschwäche 91
Wohnimmobilienverwalter 21
Wohnraum 71, 72
Wohnsitzgemeinde 16
Wohnung 31
Wohnungsvermittler 85
Wohnungsvermittlungsgesetz 71
Wucher 91

Z

Zurückbehaltungsrecht 56
Zwangslage 91
Zweigniederlassung 31, 32
Zweigstelle, unselbstständige 33